KB172355

다산의 철학

다산의 철학

소란한 세상에서 나를 지키는
인문학 편지

윤성희
지음

포르체

프롤로그

소란한 세상에서 나를 지키는 다산의 철학

다산 정약용은 조선시대를 대표하는 학자다. 사실에 토대를 두어 진리를 탐구하는 '실사구시'로 세상을 개혁하고자 했던 혁명가였고, 《경세유표》, 《흠흠신서》, 《목민심서》 등 500여 권의 책을 남긴 저술가였다. 그러나 그의 삶은 순탄하지 않았다. 사도세자가 뒤주에 갇혀 죽었던 혼란한 해(1762년)에 태어났고, 벼슬에 올라 나랏일을 하며 많은 사람들의 시기와 질투를 받았다. 그러다 결국 서학을 공부했다는 이유로 유배인이 되었고, 조카사위인 황사영이 쓴 〈황사영 백서〉에 연루되어 오랜 세월을 강진에서 묶여 지냈다. 그 후, 18년의 유배생활에서 풀려났으나, 그의 부활을 저지하는 사람들 때문에 벼슬하지 못하고 고향에 머물며 여생을 보냈다.

공적인 기록만으로도 충분히 험난한 다산의 삶은 사적인 기록을 보태면 더욱 처절해진다. 다산은 부인 홍혜완과 6남 3녀를 낳았지만 4남 2녀를 가슴에 묻었고, 함께 수학하던 동료들과 형 정약종이 형장의 이슬로 사라지는 것을 지켜봐야 했다. 또한 우애를 나누던 친구들이 등을 돌리고 자신의 목숨을 빼앗으려 하는 상황도 견뎌야 했다. 이렇듯 탄생부터 죽음까지, 공적으로든 사적으로든 다산을 둘러싼 세상은 무척 소란했다.

여기에서 우리가 주목해야 할 것은, 그럼에도 불구하고 다산이 '나'를 지키기 위해 끊임없이 노력했다는 것이다. 다산은 어떤 상황에서든 세상에 휩쓸리지 않았고, 책을 읽고 글을 쓰고 수양하며 '나'를 지키기 위해 부단히 노력했다. 다산은 자신뿐만 아니라 두 아들과 제자들, 형과 친구들도 그러하길 바랐다. 그래서 그들에게 '나를 지키라'는 편지를 썼다.

다산에게 나를 지키는 방법은, 신념을 가지고 현실을 살며, 생각을 크게 가지고, 생각에 그치지 말고 행동하며, 주변을 신경 쓰는 일이었다. 나는 다산의 편지를 읽으며, 다산의 이런 철학이 지금을 살고 있는 우리들에게도 유효하다고 생각했다. 그래서 200년 전에 그가 썼던 편지를 과거가 아닌 현재의 시선으로 읽고, 다산의 편지가 오늘을 살아가는 우리에게 어떤 메시지를 주고 있는지 나름의 생각을 정리했다. 글을 쓰면서 가장 염두에 둔 것은, 다산의 편지를 독자들이 쉽게 읽는 것이었다. 그래서 다산이 쓴 편지 그대로를 임자헌 선생님의 번역으로 싣고, 다산이 편지를 쓰게 된 배경과 상황, 편지의 내용 등을 쉽게 풀어서 쓰고자 노력했다.

이 책은 '다산 정약용'을 연구한 많은 학자 덕분에 탄생할 수 있었다. 그들이 쓴 수많은 글 덕분에 과거 속에 박제되어 있던 다산을 입체적으로 만날 수 있었고, 그와 더 깊이 교감할 수 있었다. 지금 이 시간에도 선조들의 글을 읽으며 그들을 현재로 불러오고 있는 분들께 감사의 인사를 전한다.

마지막으로, 이 책을 통해서 누군가 다산의 철학에 공감하고, 다산처럼 무너지지 않고 삶을 지켜낼 힘을 얻게 된다면 더 바랄 것이 없겠다. 은밀하고 사소한 편지 한 장이 누군가의 삶을 바꿀 수 있다는 믿음으로 쓴 이 글이 독자들에게 반가운 편지가 되어 도착하기를 바라본다.

다산의 편지를 부치며

윤성희

차례

2부 생각, 이해의 폭을 넓히는 일

3부 행동, 세상을 바꾸는 날갯짓

4부 배려, 타인과 공존하는 법

1부

신념, 중심을 지키는 힘

꿈과 현실 사이에서 고민될 때

윤혜관에게 주는 말

가난한 선비는 형편상 생업을 도모하려는 생각을 하게 마련이다. 그러나 농사는 너무 힘들고 장사는 명예가 손상되니, 손수 울안의 작은 밭을 가꾸어 진귀한 과일과 맛 좋은 채소를 심는다면 왕융처럼 오얏을 기르고[1] 운경처럼 오이를 팔더라도[2] 나쁠 것 없고, 이름난 꽃과 기이한 대

1 왕융(王戎)은 중국 진(晉)나라 죽림칠현(竹林七賢)의 한 사람이다. 왕융의 성품을 두고 찬리(鑽李)라는 말을 쓰는데, 이는 그가 탐욕스럽고 인색한 것을 드러내는 표현이다. 왕융은 그가 가진 종자가 좋은 오얏나무의 오얏을 팔 때면 남들이 그 종자를 받지 못하도록 꼭 오얏씨를 송곳으로 뚫어 구멍을 낸 다음에 팔았다고 한다. 《진서(晉書)》 권43 〈왕융열전(王戎列傳)〉

2 운경(雲卿)은 소운경(蘇雲卿)을 말한다. 송(宋)나라 때 사람으로, 초막을 치고 독신으로 살던 그는 일 년 내내 갈포(褐布) 옷에 짚신을 신고 채소를 심어 팔아 생계를 유지하였다고 한다. 《송사(宋史)》 권459 〈은일열전(隱逸列傳)〉

나무로 살뜰히 꾸며 보는 것도 괜찮은 생각일 것이다.

해마다 봄비가 오면, 그치자마자 조그만 가래와 큰 보습으로 메마른 자갈밭을 파고 거친 잡초를 매며, 도랑과 두둑을 정돈하고 종류별로 종자를 구별하여 파종하고 모종하고서 돌아와 짧은 시 수십 편을 지어 석호의 유풍[3]을 따라해 본다. 또 형상荊桑과 노상魯桑[4] 등 뽕나무 수천 주를 심고 별도로 잠실蠶室 3칸을 지어 누에 채반 7층을 설치해 아내에게 부지런히 누에를 기르게 한다. 이렇게 몇 해만 하면 식량, 소금, 젓갈 등을 갖추는 일에 결코 남편을 번거롭게 하지 않게 될 것이다.

육경六經과 여러 성현의 글을 모두 읽어야겠지만 《논어》만큼은 평생 읽어야 한다. 삼례[5]를 읽어서 여러 가지 복식 제도를 알게 되면 충분히 이름난 집안의 훌륭한 후손이 될 수 있고, 《주역》을 읽어 변화의 자취와 쇠하고 성장하며 보존되고 멸망하는 이치를 근거 있게 밝혀낸다면 충분히 천지를 포괄하고 우주를 망라할 수 있다. 여력이 있거든 산경山經과 수지水志도 읽어 견문을 넓히고, 때로 아내가 손수 빚은 좋은 곡주를 권하거든 즐거이 마시고 취하여 〈이소경離騷經〉과 〈구가九歌〉[6]의 글을 읽으며 답답하고 울적한 마음을 풀어낸다면 충분히 명사名士라 칭할

3 석호(石湖)는 송나라 시인이자 정치가인 범성대(范成大)의 호이다. 남송의 시인 4대가의 한 사람으로, 청신(淸新)한 시풍으로 전원의 풍경을 읊은 시가 유명하다. 〈촌전악부(村田樂府)〉라는 그의 악부시에는 납일(臘日)이나 정월 대보름 세시풍속의 풍경이 담겨 있다.

4 모두 뽕나무의 종류인데 자세한 내용은 알 수 없다.

5 《예기(禮記)》, 《의례(儀禮)》, 《주례(周禮)》를 말한다.

6 전국시대 초(楚)나라 충신인 굴원(屈原)이 지은 《초사(楚辭)》의 편명(篇名)이다.

만할 것이다.

눈부시도록 아름답고 멋진 옷을 입고 겨울에는 따뜻한 가죽옷, 여름에는 시원하고 촉감 좋은 갈포 옷을 입으면서 평생 넉넉하게 산다면 어떻겠는가? 그러나 이는 물총새나 공작, 여우나 너구리, 담비나 오소리 같은 것들도 모두 충분히 그렇게 할 수 있는 것이다. 온갖 좋은 냄새를 풍기는 진수성찬과 갖가지 고기를 마음껏 먹으면서 평생 배 두드리며 산다면 어떻겠는가? 그러나 이는 호랑이나 표범, 여우나 늑대, 매나 독수리 같은 것들도 모두 충분히 그렇게 할 수 있는 것이다. 곱게 화장을 한 미인과 함께 굽이굽이 돌아 들어가는 은밀하고 깊숙한 방에서 춤추고 노래하며 한평생을 마친다면 어떻겠는가? 그러나 아무리 모장과 여희 같은 미인이라도 물고기는 그를 보고서 물속으로 깊이 들어가 버리니[7], 돼지의 즐거움이라 하여 금곡이나 소제의 호사스런 풍류[8]보다 못할 것이 없는 것이다.

그러나 오직 독서라는 한 가지 일만은, 위로 성현을 따라가 짝할 수 있고 아래로 수많은 백성을 길이 깨우칠 수 있으며, 음으로 귀신에 대해 정확히 알 수 있고 양으로 왕도와 패도의 경륜을 도울 수 있으며, 새

7 모장(毛嬙)과 여희(麗姬)는 모두 춘추시대의 미인들이다. 《장자(莊子)》 〈제물론(齊物論)〉에, "모장과 여희는 사람들이 아름답게 여기는 미인이지만, 물고기가 그들을 보면 물속으로 깊이 들어가고 새가 그들을 보면 높이 날아가며 사슴들이 그들을 보면 달아나 버린다. …… "라고 하였다. 이는 종이 달라서 보이는 반응으로, 예쁘건 밉건 간에 그들에게는 자신과 다른 종인 인간일 뿐이니까 달아나는 것이다.

8 금곡(金谷)은 진나라의 큰 부호였던 석숭(石崇)의 별장이 있던 곳이고 소제(蘇堤)는 송나라의 소식(蘇軾)의 별장이 있던 곳으로, 석숭과 소식이 호사스럽게 즐겼던 것을 말한다.

와 벌레 같은 작은 것들을 훌쩍 뛰어넘어 거대한 우주도 지탱할 수 있으니, 이것이야말로 우리 인간의 본분이다.

맹자는 "대체大體를 기르는 사람은 대인이 되지만 소체小體를 기르는 사람은 소인이 되어 금수와 다를 바 없게 된다."라고 하였으니, 만약 따뜻이 입고 배불리 먹는 데에만 뜻을 두어 편안히 즐기다가 세상을 마쳐서 시체가 된 몸이 차가워지기도 전에 이름부터 먼저 사라지는 자가 된다면 이는 금수일 뿐이다. 금수인데도 그것을 원할 것인가.

꿈과 현실 사이에서 고민하고 있는 사람을 만날 때가 있다. 꿈을 좇아가려니 현실이 여의치 않고, 현실에 안주하자니 삶이 비루해진다는 것이다. 똑 부러지는 해답을 원하는 이에게 둘 중에 하나를 선택하라고 말하기는 참 조심스럽다. 꿈을 위해서 가슴이 시키는 대로만 하라고 하기에는 세상이 너무 냉혹하고, 현실을 위해서 먹고사는 문제만을 생각하라고 하기에는 그가 가진 뜨거움이 안타깝기 때문이다.

다산의 제자 중에도 이 문제로 고민했던 사람이 있었다. 해남 윤씨 집안의 자손 윤혜관尹惠冠이라는 사람이었는데, 그는 '선비'라는 이상과 '가장'이라는 현실 사이에서 고민했다. 선비로서 글만 읽고 있자니 집안 살림이 계속 기울고, 그렇다고 돈을 벌자니 체면을 지키는 게 쉽지 않았기 때문이다. 윤혜관의 처지를 알게 된 다산은 편지를 보내 울안의 작은 밭을 가꾸라며 해결책을 제시해 준다. 가난한 선비가 생계를 걱정하는 것은 당연한 일이지만, 농사를 짓는 것은 너무 힘들고 장사를 하는 것은 선비의 명예가 손상되므로, 작은 밭에 과일 나무를 심고 채소를 가꾸라고 한 것이다. 때가 차서 과일과 채소가 자라면 내다 팔아서 먹고사는 문제를 해결하라는 뜻이었다. 과일과 채소를 심어 밭을 가꾸기를 제안하면서 다산은 특별히 밭에 뽕나무를 심고 그 옆에 따로 누에를 칠 수 있는 공간을 마련하라고 전한다. 누에를 쳐서 실을 뽑으면 수익을 얻게 되고, 몇 년 후에는 더 이상 먹고사는 문제로 아내와 갈등을 빚지 않게 된다고 말이다.

다산이 '선비'와 '가장' 사이에서 고민하던 윤혜관에게 '밭을 가꾸라'고 말한 것은 두 가지의 삶을 모두 포기하지 말라는 뜻이었다. 요즘 말로 '본캐릭터'를 유지하면서 '부캐릭터'도 더불어 도전해 봄으로써 삶을 풍요롭게 누리라는 의미다. 조선시대에 살았던 다산이 본캐릭터와 부캐릭터에 관한 개념을 알았을 리 없지만, 다산은 현실과 이상 사이에서 살아남는 법을 알고 있었던 것이다.

최근 들어 현실에 발을 딛고 꿈을 좇아가는 사람들이 늘고 있다. 다산이 제안한 '밭 가꾸기'가 'N잡러'라는 이름으로 확대되어, 두 개 이상의 직업을 가지고 다양한 삶을 사는 사람이 많아졌다는 뜻이다. 2021년 5월 지식공유 플랫폼 '해피칼리지'에서 조사한 결과에 따르면 직장인 49.2%가 'N잡러'라고 한다. 직장인 두 명 중에 한 명은 돈을 더 벌거나 제2의 인생을 준비하기 위해서 '또 하나의 직업'을 가지고 있다는 뜻이다. 사람들이 N잡러로 살아가는 것은 경제적인 이유 때문만이 아니다. 이들은 자신이 즐길 수 있는 일을 함으로써 스스로의 만족 혹은 자아를 실현하는 일도 중요하기 때문에 다양한 일에 도전해보는 것이다.

경제적인 가치보다 '나'를 더 중요하게 생각하는 N잡러의 철학은 다산의 철학과 맞닿아 있다. 다산 또한 어떠한 삶을 살든 '나'를 잃어서는 안 된다고 생각했다. 그래서 윤혜관에게 밭을 가꾸되 선비의 본질을 잊지 말라고 강조했던 것이다. 다산은 윤혜관에게 쓴 편지에 '선비의 본질은 글을 쓰고 책을 읽는 것'에 있다고 말한다. 그래서 첫 봄비가 그치면 밭을 갈고 파종을 한 후에 집에 돌아와 시를 짓고, 끊임없이 독서하라고 이른다. 밭에서 느낀 것들을 적으며 전원의 풍경을 읊은 시로 유명했던 송나라 시인 석호 범성대를 따라 하고, 《논어》를 죽을 때까지 손에서 놓지 않으며, 《주역》에서 세상의 이치를 밝혀낸다면 천지를 포괄하고 우주를 망라할 수 있다고 용기를 북돋아 준다. 선비에게 독서는 매우 중요했다. 독서를 통해 성현과 나란히 짝할 수 있으며, 백성을 깨우치게 할 수 있고, 나라를 위해서 큰일을 할 수 있다고 믿었기 때문이다. 다산은 자신의 제자가 배부르게 먹고 아름답게 입는 것만으로 만족하는 짐승과 같은 삶을 살기를 원하지 않았다. 그래서 과일을 가꾸어 내다 파는 '부캐릭터'의 삶을 살더라도 책을 읽고 글을 쓰는 선비라는 '본캐릭터'를 잊지 않고 큰사람이 되길 당부한 것이다.

다산에게 꿈이란 현실에 발을 디딘 채로 꾸는 것이었다. 현실을 직시해 목숨을 부지하고 살아야 가슴이 꾸는 꿈을 이룰 수 있기 때문이다. 그러나 그가 더 중요하게 생각한 것은 선비의 본질, 곧 사람의 본질을 지키는 일이었다. 아무리 이상이 높다고 해도 나를 잃어가면서 좇는 꿈은 허무한 것이라 생각했다. 윤혜관에게 농사나 장사를 하지 말라고 한 것도 같은 맥락이다. 그가 힘든 일이나 명예롭지 못한 일로 자신을 잃을까 봐 염려했기 때문에 밭을 가꾸라고 한 것이다. 그리고 다산은 넉넉해진 제자가 호사만을 누리는 것을 경계했다. 살림이 넉넉해져도 선비라는 본질을 잃지 않고 독서하며 정진하기를 바랐다. 다산이 지금의 우리에게 바라는 것도 내 몸과 정신을 올곧이 지키며 밭을 가꾸는 것이다. 그러니 일확천금을 얻을 수 있는 길이 있다고 해도 그 길이 내 몸과 정신을 해치는 길이라면 들어서지 말아야 한다. 그래야 '나'라는 본질을 잃지 않을 수 있기 때문이다.

진정한 N잡러는 '나'를 버리지 않는다. 나라는 사람의 본질을 무시하고 모든 수단과 방법을 동원해서 이익만을 추구하지 않는다는 말이다. N잡러는 다양한 일을 해서 돈을 벌지만 나라는 본질이 무너지는 것을 원치 않고, 어제보다 나은 내가 되기를 원한다. 하지만 냉혹한 현실은 때때로 그들의 발목을 잡을 것이다. 꿈을 좇아가는 동안 수많은 유혹에 빠질 것이고, 스스로 원하는 새로운 삶을 살기까지 오랜 시간이 걸려 주저앉고 싶어질지도 모른다. 그러나 분명한 것은 이런 시련에도 불구하고 날개를 만드는 사람만이 날아오를 수 있다는 것이다. 선비들이 《논어》와 《주역》을 읽으며 훗날을 도

모하였듯, 밭을 가꾸면서도 날개가 될 깃털을 하나하나 만들어 날아오를 내일을 준비하는 것, 그것이 나를 잃지 않고 이상으로 가는 가장 빠른 방법이 아닐까.

이상과 현실 사이에서 헤매는 사람들에게 다산이 말한다. 발은 현실에 딛고 이상을 좇으라고. 꿈을 이루려면 밭을 가꾸고, 그러면서도 절대 자신의 본질을 잊지 말라고 말이다.

좌절 속에서도 내일을 준비할 것

학유가 떠날 때 노자 삼아 준 가계

한 번 배불리 먹으면 살찔 듯이 여기고 한 번 굶주리면 여윌 듯이 여기는 것은 천한 가축이나 그러한 것이다. 시야가 짧은 사람은 오늘 뜻대로 되지 않은 일이 있으면 당장 눈물을 줄줄 흘리고 그러다 내일 일이 뜻대로 되면 또 어린아이처럼 환히 웃으며 얼굴을 펴서 근심과 즐거움, 슬픔과 기쁨, 감격과 분노, 사랑과 증오 등 일체의 감정이 모두 아침저녁으로 변하니, 달관한 사람이 보고 비웃지 않겠느냐? 그러나 소동파蘇東坡는 말하기를, "속인의 안목은 너무 낮고 천상의 안목은 너무 높다." 라고 하였으니, 장수와 요절을 똑같이 보고 생과 사를 동일하게 여기는 것[9]과 같은 경우는 또한 너무 고원하다는 문제가 있다. 알아야 할 것은 아침에 햇살을 받는 곳이 저녁에 먼저 그늘지고, 일찍 꽃 피면 지는 것도 빠르다는 점이다. 세상은 빠르게 돌고 돌면서 한시도 멈추지 않으니 이 세상에 뜻을 둔 사람은 한때의 재난으로 끝내 청운의 꿈을 그만두어서는 안 된다. 사나이는 가슴 속에 늘 가을 매가 하늘로 치솟는 기상을 품고서 천지도 작다고 보고 우주도 가볍다 여겨야 옳은 것이다.

9 원문에서는 팽조(彭祖)를 인용하여 장수를 말하고, 상(殤)이라는 글자로 요절을 말하고 있는데, 팽조는 옛날에 800세를 살았다는 인물이고, 상은 19세 이전에 죽은 자를 뜻한다. 장자는 〈제물론(齊物論)〉에서 "천하에는 상자(殤子) 만큼 장수한 이가 없고 팽조만큼 단명한 이가 없다.(…) 생을 탐하는 것은 미혹이고 죽음을 두려워하는 것은 어려서 고향을 잃고 객지를 유랑하면서 돌아갈 줄 모르는 것과 같다."라고 하였는데, 우주라는 큰 관점에서 보면 상자의 단명이나 팽조의 장수가 같고, 생과 사가 일반이라는 의미이다. 그러나 이에 대해 왕희지(王羲之)는 〈난정기(蘭亭記)〉에서 "죽음과 삶을 하나로 보는 것은 허탄한 말이고 팽조와 요절한 아이를 똑같이 보는 것은 망녕되이 지어낸 말이다.[一死生爲虛誕 齊彭殤爲妄作]"라고 하였다.

삶이 나락으로 떨어지는 것 같은 때가 있다. 희망이라고는 한 줄기도 보이지 않고, 절망만이 나를 기다리고 있는 것 같은 때. 그럴 때 우리가 선택할 수 있는 것은 두 가지다. 삶을 포기하거나, 포기하지 않거나. 삶의 모든 여정에서 절망을 맞닥뜨린 다산은 '포기하지 않는 것'을 선택한 사람이었다.

다산의 삶은 평생이 순탄치 않았다. 다산이 태어나던 해에 아버지 정재원丁載遠은 벼슬에서 물러나 고향으로 돌아왔다. 사도세자가 뒤주에 갇혀 목숨을 잃는 것을 보았기 때문이다. 정쟁의 폭풍에 휘말리지 않기 위해 고향으로 돌아온 정재원은 그해 다산을 낳고, 아명을 '귀농'이라고 지었다. 나랏일에서 떠나 농촌에 묻혀 살겠다는 바람이 담긴 이름이었다. 다산은 태어날 때부터 원하지 않은 사연을 지녀야 했다. 게다가 벼슬길에 올라 궐에서 일할 때도 수많은 사람의 시기와 질투를 한 몸에 받았고, 결국 천주교의 삼흉으로 지목되어 유배를 당했다. 삶의 수많은 걸림돌에 걸려 넘어지고 자빠지다 원하지 않았던 길로 들어서게 된 것이다. 그러나 다산은 용기를 잃지 않았다. 모진 풍파 속에서도 자신이 굳건하게 서 있는 모습을 보고 두 아들도 용기를 내길 바랐다. 바람에 흔들리지 않고 진득하게 버티어 내기를 바랐던 것이다.

강진에 머물며 공부하다 고향으로 돌아갈 채비를 하던 학유學游는 아버지 다산에게 노자를 받는다. 그것은 돈이 아닌 가계였다. 가계는 집안사람들이 지켜야 할 가훈 같은 것인데, 주로 어른들이 집안의 아이들을 향해 적는 글이다. 말하자면 다산은 가훈처럼 물려줄 글을 길 떠나는 둘째 아들 학유에게 전한 것이다. 다산은 편지에 한 번 배불리 먹었다고 평생을 살찔 듯이 여기고, 한 번 굶주렸다고 평생 여윌 것처럼 여기는 것은 사람이 할 일이 아니라고 말했다. 일희일비하지 말라는 뜻이었다. 오늘 당장 뜻대로 되지 않았다고 눈물을 흘리면서 울다가 다음날 일이 뜻대로 되면 어린아이처럼 환히 웃고, 모든 감정이 아침저녁으로 변하면 달관한 사람들의 비웃음을 사게 되니 조심하라고 말했다. 아침에 해 든 자리는 저녁에 가장 먼저 그늘이 들고, 일찍 핀 꽃은 지는 것도 빠르니 기복에 편승하지 말고 뚝심 있게 생활하라 일렀다. 또, 한 번의 재해를 당했다고 해서 가슴에 품은 청운의 뜻을 꺾어서는 안 된다며, 마치 매 한 마리가 하늘을 향해 치솟아 오르는 것처럼 비상하려는 마음을 놓지 말라고 강조했다.

다산이 아들에게 이런 편지를 쓸 수 있었던 것은 자신이 그런 삶을 살고 있었기 때문이다. 강진 유배지에 올 때까지 다산은 참혹한 시간을 견뎌야 했다. 함께 천주교의 삼흉으로 지목됐던 이승훈李承

薰과 이가환李家煥이 죽는 것을 지켜봤고, 자신의 형인 정약종丁若鍾의 죽음도 보았다. 19일 동안 옥에 갇혔을 때 심한 매질과 고문을 당해 살이 찢기고 뼈가 부러졌다. 그 몸을 끌고 자신과 대척점에 있는 노론의 고장인 장기현(지금의 포항)으로 유배를 떠났다. 다산은 반기는 이 하나 없는 유배지에서 언제 끝날지 모르는 삶을 이어가야 했다. 해야 할 일이 아무것도 없었지만 다산은 자신만이 할 수 있는 일을 만들며 하루하루를 버텼다. 새로운 마을에서 만난 풍경을 시로 남기고, 고향을 생각하며 여덟 가지 취미도 만들었다. 바람을 읊고, 달을 노래하고, 구름을 보고, 비를 대하고, 산에 오르고, 물가에 가고, 꽃을 찾고, 버들을 찾으며 고통의 시간을 버텨 보려고 노력했다. 그리고 병이 들면 무당을 찾아가거나 죽을 날만 기다리는 마을 사람들을 위해 의서를 썼다. '시골 사람들 병이 치료될 수도 있다'는 뜻을 담은 《촌병혹치村病或治》였다.

다산에게 장기현에서 보낸 시간이 평온할 리 없었다. 살아 있다는 것이 축복인지, 저주인지조차 알 수 없었다. 기약 없는 하루하루가 불안하고 두려웠을 것이다. 그럼에도 불구하고 다산은 어떻게든 버티려고 노력했고 살기 위해 애썼다. 그러나 운명은 다산 앞에 자꾸만 큰 어려움을 데려다 놓았다. 조카사위인 황사영이 쓴 백서帛書가 발견되면서 다시 서울로 압송되어 옥살이를 시작했다. 다산은 8일 동안의 옥살이를 마치고 강진으로 이배되었다. 한 해에 두 번이나 유배길에 오르는 신세가 된 것이다. 그 후, 다산은 유배지에서

18년의 긴 시간 동안 묶여 살았지만 가슴 속에 성인이 되고자 하는 마음을 가지고 흔들리지 않았다. 유배지에서의 삶도 자신이 살아내야 할 삶이라고 생각했다. 다시 세상에 나가지 못한다고 해도 나라와 백성을 위해 할 수 있는 일을 생각하며, 제자를 양성하고, 글을 읽고, 책을 썼다.

다산은 당장 눈앞의 현실이 막막해도 내일을 꿈꾸며 오늘을 버텼다. 어쩌면 요즘 사람들 사이에서 회자되는 '존버는 승리한다'는 말처럼 끝까지 버텨보자고 마음먹었는지도 모른다. 그랬기에 지금까지 정약용의 이름이 전해지는 게 아닐까? 다산에게는 자기 앞에 닥친 엄청난 시련을 없앨 능력이 없었다. 그러나 시련을 절망이 아니라 딛고 일어설 발판으로 분류할 선택권이 자신에게 있다는 걸 알았다. 그리고 여기서 삶이 끝나는 게 아니라고 믿었다. 다산에게 중요한 것은 지금의 행복만을 추구하는 게 아니라, 삶이 끝나는 날까지 계속해서 살아내며 삶의 진짜 의미를 깨닫는 것이었다.

아들에게 '일희일비하지 말라'던 다산의 말도 삶을 길게 보라는 뜻이었다. 결국은 매처럼 날아오를 것이니 도움닫기 하는 과정에서 넘어진다고 좌절하지 말라는 응원이었다. 다산에게 인생 도처에 포진해 있던 절망은 매가 날기 위해 겪어야 하는 하나의 과정이었을 뿐, 삶을 포기할 이유는 아니었다. 그는 비상을 꿈꾸는 마음이 날개를 펼치고 날아갈 길을 만든다는 것을 알았던 것이다. 혹시 자꾸 절망에 걸려 넘어지고 있다면 다시 일어서며 기억하자. 지금 걷는 길이 좁은 오솔길에 불과할지라도, 이 길이 언젠가 날개를 펴고 달려갈 활주로가 될 수 있다는 것을. 그리고 잊지 말자. 넘어지고 짓밟혀 죽을 것처럼 힘들지만 그럼에도 불구하고 지금 여기 내가 살아남아 존재하고 있다는 것을. 삶은 쉽게 끝나지 않는다는 것을.

내 인생의 길은 내가 정한다

동생 정약횡[10]에게 주는 말

옛날 세경의 차자次子 이하는 지위가 낮아서[11] 스스로 현달할 길이 없었다. 이 때문에 나가서 대부를 섬겨 가재家宰나 읍재邑宰가 되어 조금이나마 자신이 배운 것을 펼쳐 볼 수 있었다. 그래서 공자 문하의 여러 제자도 모두 사조私朝(대부의 개인적 집안 일)에서 벼슬하였으니, 이렇게 하지

10 정약횡(丁若鐄)은 아버지 정재원이 측실 김 씨에게서 낳은 아들로, 정약용의 서(庶)동생이다. '鐄'의 음은 '횡'인데, 《압해정씨가승(押海丁氏家乘)》 번역과 그를 근거로 한 《여유당전서(與猶堂全書)》 해제의 가계도에서는 '황'으로 기록하고 있다. 그러나 현재 우리나라에서 밝히고 있는 한자음을 따라 '정약횡'으로 번역하였다.

11 세경(世卿)은 아버지 사후에 아들이 이어 경대부(卿大夫)를 하는 세습한 경대부를 말한다. 그러나 종법제에 따라 장자 상속을 하기 때문에 계승권을 가지지 못한 다른 아들들은 일반인이나 마찬가지가 될 수밖에 없었다. 공자의 제자들도 대개 이러한 처지로, 집안이나 사회에서 계승된 위치를 가질 수 없는 사인(士人)들이었다.

않으면 벼슬할 길이 없었기 때문이다.

우리나라가 사람을 쓰는 것은 빡빡하여 따지는 조건이 많으니 시운에 막힌 자는 또한 공조公朝 조정朝廷에서 스스로 현달할 길이 없다. 때문에 머리를 굽히고 경대부를 섬겨 비장裨將이나 서기書記가 되는 것이 옛날에는 당연한 것이었다. 그래서 선왕의 도와 선성先聖의 행실을 배운 자라도 부끄러워하지 않았다.

그런데 세상 사람들은 이에 대해 잘 알지 못해서 유사有司의 일을 천하게 여기니, 이에 몸담은 자들도 번번이 "우리들은 소인이라 먹고사는 데에 뜻을 두었으니 염치가 무슨 상관이고, 성인의 가르침이 무슨 상관이리오!"라고 말하면서 자기를 놔버린 채 음탕하고 방탕하게 행하여 스스로를 더럽히니 매우 안타까운 일이다. 사조에서 일하든 공조에서 일하든 본래 두 가지가 다른 일이 아니다. 그러니 성인의 훈계를 삼가 준행해서 자신을 스스로 공경해야 할 것이고 비루하게 행동해서 스스로를 박대해서는 안 될 것이다.

아침에 뵙는 것을 조朝라고 하고 저녁에 뵙는 것을 석夕이라 하니 모두 사조에서 쓰는 명칭이다. 새벽 미명이 되거든 촛불을 켜고 즉시 일어나 세수를 하고 머리를 정리하여서 먼동이 틀 때 쯤에는 옷을 바르게 차려입고 단정하게 정좌하여야 한다. 그리고 오늘은 어떤 일을 아뢰고 어떤 일을 해야 할지에 대해 모두 분명하게 순서를 세우고, 이치를 분석하는 것을 어떻게 하고 의견을 개진하는 것은 또 어떻게 해야 명백하게 사리에 맞고 공평하면서 실정에도 맞을지 점검하고 생각해야 한다. 그 다음 정리한 것을 모두 묵묵히 스스로 외워서 완전히 익힌 뒤에야 감히 주공主公에게 고하는 것이다. 《주역》에 이르기를, '말에 조리가 있으니 후회가 없을 것이다.'라고 한 것은 이것을 말한 것이다.

같은 직급에 있는 사람들이 일제히 모인 뒤에 함께 나아가야 하고 혼자 먼저 개인적으로 뵈어서 튀는 행동을 해서는 안 된다. 의원인 경우 진찰을 위해 꼭 새벽에 뵈어야 하더라도 자제나 빈종賓從 몇 사람이 곁에 있게 될 때까지 기다렸다가 그들과 함께 뵈어야 하고 어떤 경우에도 혼자 뵈어서는 안 된다. 처신하는 것을 공조에서 하는 것이나 똑같이 해야 하는 것이다.

주공이 늦게 일어나고 막료들도 모두 따라서 늦게 일어나더라도 나는 새벽에 일어나 용모를 단정히 가다듬고서 불시의 호출과 하리들의 업무 보고에 대비해야지 뭇사람을 따라 게으름을 부려서는 안 된다. 해가 이미 훤히 다 떴는데도 온 부중이 쿨쿨 잠을 자고 있다면 온갖 일이 해이해질 테지만, 한 사람이라도 깨어 있으면 그래도 괜찮은 모습을 갖추게 될 것이다.

인생을 자신 있게 사는 사람은 걸림돌에 걸려 넘어져도 다시 일어선다. '나는 이것밖에 안 되는 사람'이라며 한계를 규정하기보다 어떻게 하면 어려움을 뛰어넘을 수 있는지 생각한다. 다산은 자신의 동생도 이처럼 살기를 바랐다. 주어진 환경에 주눅 들지 않고 어떤 상황에서도 스스로를 믿고 앞으로 나가기를 바랐던 것이다.

다산의 동생 약횡은 서제庶弟였다. 서모庶母 김씨가 낳은 동생이었던 것이다. 다산의 아버지 정재원에게는 네 명의 부인이 있었다. 첫 번째 부인 의령 남씨는 정약현을 낳은 후 요절했고, 약전과 약종 그리고 약용을 낳은 해남 윤씨는 다산이 여덟 살 때 세상을 떠났다. 그 이듬해 금화현의 황씨가 측실로 들어와 머지않아 죽었고, 그 후 다산이 열두 살 되던 해에 서울에서 김씨를 측실로 삼았는데 이 사람이 바로 약횡을 낳은 서모다. 다산과 여덟 살밖에 차이 나지 않는 서모는 다산을 살뜰히 챙겼다. 서캐와 이가 많았던 다산의 머리를 손수 빗질해 주고, 부스럼이 생겨 고름이 고였을 때는 깨끗이 씻어 주었다. 김씨는 다산이 장가들 때까지 다산의 옷을 빨고 바느질하며 그를 보살폈다. 그래서인지 다산은 서모를 특별하게 생각했다. 서모를 기리는 묘지명에 그의 형제자매 중에서 특히 자신과 정이 두터웠다고 기록할 정도였다. 서모 김씨는 다산이 강진에 유배되어 있을 때 세상을 떠났다. 그는 숨이 끊어지는 순간 "내가 다시 영감을 보지 못하겠구나."라는 말을 남겼는데, 영감은 승지를 지낸 다산을 부르는 말이었다. 죽는 순간까지도 자신을 생각했던 서모를 다산은 오랫동안 기억했다. 그리고 그가 낳은 약횡을 아꼈다. 다산은 서출인 약횡이 행여나 기죽을까, 벼슬하지 못하는 자신의 신세를 한탄하며 스스로를 하찮게 생각할까 염려했다. 그래서 약횡에게 자신을 귀하게 여기라는 편지를 썼다.

다산은 편지의 서두에 공자의 제자들도 거의 벼슬에 오르지 못했다고 언급한다. 세습되는 벼슬도 장자가 아니면 상속받지 못하는 법이 존재하기 때문이라고 말이다. 그러면서 사람을 쓸 때 따지는 것이 너무 많은 당시의 현실을 적는다. 예로부터 고관들의 보좌관인 비장이나 서기가 되었던 서출은 이를 부끄러워하지 않았다. 그러나 요즘 사람들은 이런 일을 천하다 여기며 스스로를 '소인'이라 치부하고, 그저 먹고사는 것이 중요할 뿐 성인의 가르침에 따라 사는 게 무슨 소용이냐며 나 몰라라 한다고 탄식했다. 또한 이들이 멋대로 행동하고 음탕한 짓으로 스스로를 더럽히는 것은 안타까운 일이라며, 약횡에게 스스로를 함부로 대하지 말라고 일렀다.

비록 약횡이 서출이라 벼슬에 나갈 수 없었지만 다산은 동생이 누구에게나 인정받는 사람이 되기를 바랐다. 그래서 자신을 철저하게 관리하라고 강조한다. 다산은 약횡이 고관을 모시는 비장이 될 것을 염두에 두고 비장의 올바른 행실에 대해 이야기한다. 날이 새기 전에 잠자리에서 일어나 세수를 하고 머리를 빗고, 먼동이 틀 무렵에는 옷을 단정하게 입고 앉아 오늘 할 일에 대해서 생각하라 이른다. 또, 모든 일에는 순서가 있으니 일을 처리하고 말을 전하는 것도 순서를 정해야 한다고 덧붙인다. 의견을 이야기할 때는 어떻게 해야 사리에 맞고 공평하면서 실정에 맞을지 혼자서 속으로 외우고 익힌 다음에 말하라고까지 했다. 스스로에게 한 치의 빈틈도 허락하지 말라는 뜻이었다. 그러나 다산은 동생이 튀는 사람이 되는 건 원치 않았다. 모시는 분을 혼자서 독대하지 않도록 처신하라 이르며, 절대 혼자 튀는 행동을 하지 말고, 같은 직급에 있는 사람들과 함께 행동하라고 했다. 행여 의원이 와서 진찰을 한다고 해도 가족이나 종이라도 곁에 세워 함께 보는 것이 법도라고 가르친다. 다산은 동생에게 무슨 일이든 혼자 나서지 말라고 하면서도 그가 일로써 인정받기를 원했다. 그래서 어떤 상황에서든 깨어 준비하라고 강조한다. 모시는 분이 늦게 일어나 다른 이들도 늦잠을 잔다 해도 약횡만은 새벽에 일어나 용모를 가다듬고 불시의 호출에 대비하라고 말이다.

약횡은 다산과 같은 아버지에게서 태어났지만 계급이 달랐다. 형제임에도 불구하고 '다른 출발선'에 선 것이다. 그러나 다산은 '출발선'보다 '도착점'이 더 중요하다고 생각했다. 어디서 출발하든 스스로 노력을 놓지 않는다면 '성인聖人'이라는 종착지에 도착할 수 있다고 믿었기에 약횡이 스스로 함부로 대하지 않기를 바랐다.

다산이 약횡에게 준 이 편지를 읽을 때마다 떠오르는 사람이 있다. 비올리스트 리처드 용재 오닐이다. 리처드 용재 오닐은 1978년 미국에서 태어났다. 리처드의 어머니는 네 살이었던 1957년에 미국으로 입양된 한국인인데, 어릴 때 열병을 앓다 지적장애인이 되었고, 리처드를 혼자 낳았다. 그러니까 리처드는 '입양인'이자, '지적장애인'이자, '미혼모'인 엄마에게서 태어난 것이다. 그러나 그는 환경을 탓하며 자신을 하찮게 생각하지 않았다. 자기에게 주어진 상황 안에서 최선을 다해 노력했고, 세계적인 비올리스트로 성장했다.

리처드 용재 오닐은 비올리스트의 역사를 새롭게 쓴 사람으로 꼽힌다. '줄리어드 음악원 최고 연주자 과정을 졸업한 최초의 비올리스트'로 이름을 올렸고, 2006년에 차세대 신인 연주자에게 주는 '에이버리 피셔 커리어 그랜트Avery Fisher Career Grant'상을 수상했다. 또, 비올라 연주 음반을 출시해 20만 장 이상의 판매 기록을 세우며 '비올라는 독주하는 악기가 아니라 협연하는 악기'라는 통념을 깼다. 그리고 2021년 3월, 제63회 그래미 어워즈에서 최고의 클래식 연주자에게 선사하는 '베스트 클래시컬 인스트루멘털 솔로Best Classical Instrumental Solo'를 수상하며 비올라 연주자로서 또 하나의 새로운 역사를 남겼다.

이 세상에 존재하는 모든 사람은 내가 태어나고 싶은 때에, 내가 태어나고 싶은 곳에서 태어나지 않았다. 탄생은 스스로 선택할 수 없기 때문이다. 서출로 태어난 약횡도, 장애를 가진 입양인 엄마를 둔 리처드도 태어날 때 아무것도 선택할 수 없었다. 그저 태어나 보니 서출이었고, 입양인의 아들이었다. 조선은 약횡이 능력을 펼칠 수 없는 곳이었다. 서얼도 등용하자는 의견이 나올 때마다 일부 사대부들은 '귀한 사람과 천한 사람이 섞이게 해서는 안 된다'는 주장으로 그들의 손과 발을 묶었다. 뿐만 아니라 같은 아버지를 둔 형제라 해도 어머니가 다르다는 이유로 형제를 '형님'이라고 부르지 못하고, '나으리, 영감, 대감'으로 불러야 했다. 리처드 또한 미국에서 얼굴색이 다른 사람으로 살아가는 것이 쉽지 않았을 것이다. 자꾸만 '너는 누구냐?'고 묻는 사람들의 질문을 스스로도 수없이 했을 것이다. 그럼에도 불구하고 그는 스스로를 포기하지 않았다. 정해져 있는 신분이나 환경은 자신의 힘으로 바꿀 수 없지만, 그 안에서 어떻게 살아갈 것인지는 스스로 결정할 수 있기 때문이었다.

좋은 환경에서 태어난 사람과 그렇지 못한 사람의 출발선이 다르다고들 말한다. 그러나 출발선보다 더 중요한 것은 도착점이다. 내가 어떤 길을 만들며 지금 여기 머물고 있는지, 내가 도착할 종착지는 어디인지 생각해 보는 것이 더 중요하다는 뜻이다. 출발선은 내가 그을 수 없지만 도착점은 내가 정할 수 있지 않은가? 세상의 길은 하나가 아니다. 길은 언제나 사람 수만큼 있고, 나는 나의 길을 만들 수 있다. 세상이 '이게 너의 한계'라고 말할 때마다 기억하자. 나는 내 삶의 영역을 얼마든지 확장할 수 있으며, 내 인생의 지도는 아직 완성되지 않았다는 걸.

세상을 위해 내가 할 수 있는 일

정학연에게 보냄

지난번에 성수[12]의 시를 읽어 보았다. 너의 시에 대한 그의 논평은 아주 적절하게 문제점을 지적하고 있었으니 너는 마땅히 가슴 깊이 새겨두어야 할 것이다. 그러나 그가 지은 시는 아름답기는 하나 역시 내가 좋아하는 것은 아니다. 오늘날의 시율은 두공부杜工部(두보)를 공자로 삼아야 하니, 그의 시가 백가의 으뜸이 되는 까닭은 《시경詩經》 3백 편이 남기고자 한 핵심 의도를 얻었기 때문이다. 《시경》 3백 편은 모두 충신,

12 성수(醒叟)는 조선 후기 문인인 이학규(李學逵,)의 자(字)이다. 이학규의 아내가 다산의 가문인 나주 정씨 출신이다. 이학규는 외삼촌 이가환을 비롯하여 이삼환(李森煥) 등을 통해 실학적 학문 분위기 속에서 성장했다. 1801년(순조 1년) 신유사옥(辛酉邪獄) 때 전라도 능주로 유배되었는데, 이 기간동안 저술 활동에 전념하면서 강진에 유배되었던 다산과 문학으로 빈번히 교류하였다.

효자, 열녀, 훌륭한 벗들의 진실하고 충후한 마음이 드러나 있다. 임금을 사랑하고 나라를 염려하지 않은 것은 시가 아니고, 시대에 마음 상하고 세속에 분개하지 않는 것은 시가 아니며, 높은 덕을 찬미하고 나쁜 행실을 풍자하여 권선징악의 뜻이 있지 않은 것은 시가 아니다. 그러므로 뜻이 서지 않고 학문이 순정하지 못하며 대도를 듣지 못하여 임금을 성군으로 만들어 백성이 그 혜택을 입게 하려는 마음을 갖지 못한 자는 시를 지을 수 없는 것이니, 너는 힘쓰도록 하여라.

우리나라 건국이념으로 알려진 '홍익인간'은 '널리 인간 세상을 이롭게 한다'는 뜻이다. 한 개인이 아닌 세상에 존재하는 모든 이를 이롭게 한다는 의미다. 다산도 여러 글에서 이런 사상을 펼쳤다. 수령들이 지켜야 할 지침을 알리며 관리들의 폭정을 비판한 《목민심서》를 쓴 것도 사람을 이롭게 하기 위함이었다. 고향에 있는 큰아들에게 '세상을 구하는 시를 써야 한다'고 말한 것도 같은 맥락이었다. 글을 위한 글이 아닌 누군가의 삶을 조금이라도 더 이롭게 하는 글, 다산은 아들이 그런 글을 쓰기를 바랐던 것이다.

1808년 겨울, 다산은 둘째 아들 학유와 함께 강진에 머물고 있었다. 그해 봄, 학유가 아버지의 가르침을 받기 위해 강진으로 왔기 때문이다. 나날이 성장하는 학유의 학문은 아버지 다산을 기쁘게 했다. 그러나 고향에 남아 식솔을 돌보느라 책을 멀리하고 있을 큰아들 학연學淵을 생각하니 마음이 좋지 않았다. 학유보다 재주가 크고 어릴 때부터 책을 읽어 익힌 것이 더 많은 학연이 공부를 멈추지 않으면 유학자로 명성을 높일 수 있다고 생각했기 때문이다. 다산은 학연에게 이런 뜻을 전하며 상황이 괜찮으면 내년 봄에 강진으로 내려와 함께 공부하자는 편지를 쓴다.

그 편지에 다산은 글에 대한 당부도 덧붙인다. 이학규의 조언을 마음에 새기라는 편지였다. 이학규는 이승훈과 9촌 사이로, 1801년 천주교도 탄압사건인 신유사옥 때 이승훈에게 연좌되어 유배되었다. 다산은 자신과 같은 처지에 놓인 이학규와 글을 주고받았는데 큰아들 학연이 지은 시를 보내 그에게 평을 들었는지, 큰아들에게 이학규가 지적한 것들을 마음에 새기라고 이른다. 그러나 자신이 이학규의 글을 좋아하는 것은 아니라고 말한다. 정약용은 이학규의 글이 아름답지만 무언가 부족하다고 느꼈다.

다산은 시 쓰는 사람이라면 두보를 공자로 삼아야 한다고 생각했다. 두보야말로 《시경》에 담긴 뜻을 제대로 알고 따른 사람이었기 때문이다. 《시경》의 모든 시는 충직하고 온후하며 인정이 두터운 마음에서 나온 것이니 그 뜻을 제대로 익히고 쓴 두보를 닮아야 한다는 뜻이었다. 그래서 정약용은 임금을 사랑하지 않고 나라를 걱정하지 않은 시나 시대를 슬퍼하고 세속에 분개하지 않은 시, 선을 권하고 악을 징계하지 않은 시도 시가 아니라고 했다. 다산에게 시는 백성들을 이롭게 하려는 마음을 담은 글이었다.

시 하나를 쓰더라도 사람을 생각하고 세상이 이롭게 되도록 노력하라 이른 다산은 조선이 지금보다 더 나은 세상이 되기를 바랐다. 그래서 학문이 글짓기에 능통한 사람들만 즐기는 유희가 아니라, 모든 사람이 실생활에서 사용할 수 있는 유용한 것이어야 한다고 외쳤다. 그는 목민관이 백성의 마음을 헤아려 그들의 불편함을 덜어내길 바랐고, 세금을 개혁해 백성들이 조금 더 편히 살아가길 바랐다. 또 어느 한 사람의 생명이 무참히 짓밟히지 않는 세상을 꿈꿨다. 그래서 목민관의 행정지침서인 《목민심서》, 국가 경영서인 《경세유표》, 형법서인 《흠흠신서》를 써 조선을 더 이롭게 하고자 노력했던 것이다.

조선시대에 살았던 다산이 시와 글을 통해서 세상을 이롭게 하려고 노력했다면 지금은 다양한 사람들이 각자의 자리에서 힘쓰고 노력하고 있다. '광고 천재'로 불리는 이제석도 그런 사람이다. 이제석은 회사 업무의 90%를 공익광고 제작에 할애하고 있다. 비영리 NGO단체나 여러 국가기관과 손잡고 국내외를 망라하는 인류의 인식을 개선하기 위한 다양한 광고를 만들고 있는 것이다. 특히 그는 환경이나 기아 문제를 비롯해 장애인 편의시설 확충을 위한 광고로 주목을 받았다. 굴뚝 아래 권총 사진을 붙여 굴뚝을 총부리로 만든 후 "한 해 대기오염으로 6만 명이 사망합니다."라는 카피를 적어 환경오염에 대해 경고했다. 또한 건물 위에 있는 물탱크를 아프리카 소년이 이고 있는 모습으로 연계해 식수 지원 캠페인 광고를 만들기도 했다. 뿐만 아니라 지하철 계단에 에베레스트산의 전경을 붙여 "누군가에게는 이 계단이 에베레스트산입니다."라는 카피를 적어 장애인용 에스컬레이터가 설치되지 않은 지하철 계단을 꼬집는 광고를 만들기도 했다.

이제석은 상업광고가 아닌 공익광고 만들기에 더 많은 시간을 쓰는 이유를 '광고의 혜택을 특정 기업이나 대표가 가져가는 게 아니라, 다양한 시민들이 누리게 되고, 그것이 경제적 가치보다 더 큰 자산이 될 수 있기 때문'이라고 말한다. 가진 자 한 사람이 아니라, 많은 이가 누릴 수 있는 광고를 만드는 게 그의 철학인 것이다. 널리 사람을 이롭게 하려는 이제석의 철학은 다산의 철학과 같은 길에 있다. 이제석뿐만 아니라 환경을 생각해 플라스틱 쓰레기를 줄일 방법을 모색하는 사람도, 재생에너지를 활용해 전기를 만드는 사람도, 문명의 혜택을 누리지 못하는 이들을 위해 애쓰는 사람도 모두 다산과 같은 길을 걷는 사람이다.

다산이 추구했던 '홍익인간'이 되는 길은 멀리 있지 않다. 쓰레기를 줄이고 제품을 재활용하는 '제로 웨이스트'에 참여하거나, 나에게 불필요한 물건을 정리해 필요한 이들에게 나눠 주거나, 배달 음식을 주문하면서 '일회용 수저와 포크는 빼주세요'에 클릭하는 것도 세상을 이롭게 하는 방법이다. 뿐만 아니라 세계 곳곳에서 일어나는 전쟁에 반대하고, 민주주의를 갈망하는 이들에게 휘두르는 폭력을 멈추라고 외치는 것도 세상에 존재하는 모든 이를 이롭게 하는 일일 것이다. 그러니 '백성을 이롭게 하는 글을 쓰라'던 다산의 말을 기억하며 내가 할 수 있는 일을 찾아보는 건 어떨까? 누군가를 향해 한 조각 마음을 내주는 나로 인해 우리가 사는 세상은 '홍익인간'의 세상을 넘어 '홍익우주'가 될 수 있지 않을까.

더 넓은 세상이 있다

초의에게 주는 글

굴속 개미는 1년 내내 돌아다녀도 10리 밖을 벗어나지 못하니, 그 굴에 연연하기 때문이다. 선비가 되어 편히 살 것을 생각하는 것은 공자께서도 오히려 그르다 여기셨는데,[13] 승려가 되어 편히 살 것을 생각하는 것은 더욱 우스운 일 아니겠는가. 사방을 구름처럼 떠돌면서 나라 안 내로라하는 산을 전부 다 보고 나라 안 내로라하는 선비를 전부 다 사귀고 신고辛苦를 경험하며 풍찬노숙風餐露宿하였으니, 만년에 한암[14]에

13 《논어》 〈헌문(憲問)〉에서 공자는, "선비로서 편안함을 생각하면 선비라고 할 수 없다.[士而懷居 不足以爲士矣]"라고 하였다.

14 글자 그대로 풀면 '찬 바위'이지만 다산의 다른 글에 한암(寒巖)이 이따금 등장하는 것이나 다산의 저작으로 보이는 《한암쇄화(寒巖瑣話)》라는 책 제목이 있는 것으로 볼 때 혹 땅 이름이 아닌가 싶기도 하여 풀어 번역하지 않았다.

초가집 하나 얻어서 죽반승粥飯僧이 되어 문 닫아걸고 글을 저술한다면 그 글이 후세에 전할 만한 것임은 의심의 여지가 없다. 이같이 한다면 헛되이 살지 않았다고 말할 만하다.

'글은 엉덩이가 쓴다'는 말이 있다. 글을 쓰려면 앉아 있는 힘을 길러야 한다는 뜻이다. 그런데 엉덩이가 버틸 수 있도록 재료를 제공해주는 신체 부위가 있다. 바로 '발'이다. 발이 먼저 세상을 두루 돌아다니면서 보고 듣고 느낀 것들을 모아야 비로소 엉덩이가 그것을 받아서 진득하게 버티고 앉아 쓸 수 있기 때문이다. 스마트폰 하나면 모든 정보를 훑어볼 수 있는 시대지만, 직접 부딪치며 얻은 '경험'을 이길 수 있는 자료는 많지 않다. 다산도 이 진리를 잘 알고 있었다. 그래서 공부한답시고 방 안에 앉아 책만 읽는 제자에게 '방에서 나가라!'고 일렀다.

만덕산 아래 초당에 머물던 다산은 근처 사찰에 있던 승려들과 우정을 쌓았다. 유교의 나라 조선에서 불교에 적을 둔 승려들과 관계를 맺는 것은 쉬운 일이 아니었다. 그러나 다산은 학식이 있는 승려들과 대화를 나누고 편지를 주고받으며 학문의 세계를 넓혔다. 그때 학승으로 손꼽히는 아암兒庵 혜장을 만났고 그를 통해 초의와 마주할 수 있었다. 초의는 열다섯 살에 출가해 깨달음을 찾으러 다녔다. 내로라하는 덕망 있는 학자들을 찾아가 가르침을 청하려 했지만, 막상 만나 보면 별 볼 일 없는 사람이었다. 그러던 어느 날 '지식인'으로 둘째가라면 서러워하던 아암 혜장을 무릎 꿇게 만들었다는 다산의 소문을 들었다. 스물네 살의 초의는 다산을 찾아가 그와 이야기를 나눴다. 초의는 자신이 찾아다녔던 스승이 여기 있음을 깨닫고 그에게 가르침을 청했다. 다산은 그를 맞아들여 유학과 시문을 가르쳤다.

초의는 똑똑한 제자였다. 머리가 좋을 뿐 아니라 학문에 대한 열정도 대단했다. 그러나 세상을 바라보는 시선이 좁은 게 문제였다. 다산은 자기의 마음 수련만을 위해 공부하는 초의에게 시선을 더 넓게 두고 다른 이들과 어울려 서로의 생각을 나눈 후 다시 자기를 위해 하는 공부가 진짜라고 말해주고 싶었다. 다산은 종이를 꺼내 글을 썼다.

다산은 초의에게 굴속에 사는 개미처럼 살아서는 안 된다고 일렀다. 개미는 일 년을 돌아다녀도 10리 밖을 나가기 힘든데, 이는 굴속에 마음이 매여 있기 때문이니 마음을 더 먼 곳으로 보내야 한다는 뜻이었다. 또, 공자는 선비가 편안하게 사는 것을 옳지 않게 여겼다며, 하물며 승려가 되어서 편하게 살 것을 생각하는 것은 우스운 일이라고 초의에게 일침을 가했다. 다산은 초의에게 사방을 구름처럼 떠돌아다니고, 나라 안에 유명한 산도 두루 살피고, 이름난 선비를 만나 그들과 어울리라고 일렀다. 그렇게 다양한 인생의 모습을 경험하며 파란만장하게 살아 본 후에, 나이가 들어 더 이상 돌아다닐 힘이 없을 때나 방에 들어앉아 글을 쓰라고 했다. 그러면 후세에 전해질 것이라며 지금은 당장 길을 떠나 다양한 삶을 경험하라고 부추겼다.

이 글을 받은 초의는 스승의 말대로 길을 나섰다. 1815년 상경해 다산의 아들 학연과 학유는 물론 조선 후기의 문신이자 시인이며 서화가였던 신위申緯, 그리고 정조의 사위 홍현주와 교유했다. 또, 김정희 삼 형제와도 시와 차를 나누며 유교와 불교의 다양한 사상들을 주고받았다. 초의는 특히 이때 만난 추사와 평생 마음을 나누며 지기로 살았는데, 훗날 추사가 유배되어 있던 제주까지 찾아가 그를 위로할 정도였다. 초의는 사찰에만 머물러 있지 말고, 두루 다니며 선비들을 만나라던 스승의 말처럼 조선의 내로라하는 선비들과 교유하며 불교사상에만 갇히지 않고 다양한 사상을 접했다. 이런 시간을 통해 조선의 선비들에게 불교의 차 문화를 널리 전하며 유교와 불교의 융합을 꾀했던 것이다.

다산은 승려인 제자가 글보다 사람을 먼저 이해하길 바랐다. 세상을 두루 다니며 각양각색의 사람들과 이야기를 나누고, 사찰에서의 삶이 아닌 '다른 삶'의 존재도 깨닫기를 바랐다. 이것이 생각을 키우는 방법이며, '사람'이 해야 하는 '진짜 공부'라고 생각한 것이다. 클릭 한 번이면 세계를 넘나들 수 있는 지금도 '세상에 나가 배우라'고 했던 다산의 말을 실천하는 사람이 있다. 바로 '체헐리즘'을 기사로 쓰는 남형도 기자다.

체헐리즘은 '체험과 리얼리즘의 합성어'로 체험한 후에 글로 써서 알리는 것을 말한다. 이 말을 만든 남형도 기자는 신입 기자 때 휠체어를 타고 서울 시내를 다니는 체험을 했다. 그때, 살면서 상상한 적 없는 세상과 만났다. 자신이 당연하게 누리며 살았던 모든 편의가 사라지고 '불편한 세상'만이 그 앞에 펼쳐진 것이다. 기자는 그 경험을 떠올려 '체험하고 느끼고 알리'는 '체헐리즘' 기사를 기획했다.

남형도 기자는 여러 사람의 삶 속으로 들어가 그들이 겪는 세상을 소개했다. 35kg의 방화복을 입고 소방관들과 함께 화재 현장에 출동하고, 거리의 쓰레기를 치우는 환경미화원이 되어 새벽 홍대 거리를 쓸었다. 120다산콜센터의 상담사가 되어 8시간 동안 민원 전화를 받았으며, 폐지 줍는 노인과 리어카를 끌며 165kg의 폐지를 줍고 하루 종일 11,000원을 벌었다. 또, 10년 동안 348명이 숨을 거뒀다는 집배원이 되어 우편물은 2초 안에, 택배는 30초 안에 끝내는 일을 경험했다. 다른 이들의 삶에 살짝 다가서 본 후에야 남기자는 깨달았다. 별일 없이 돌아가고 있는 세상이 누군가의 수고 덕분이라는 걸.

사람과 사람이 마주하고 부대낄 때만 배울 수 있는 게 있다. 사람을 통해 체득된 배움은 기사가 되어 널리 공유되기도 하고, 정책이 되어 누군가의 삶을 조금 더 평화롭게 만들기도 한다. 더불어 사는 세상을 만드는 밑거름이 되는 것이다. 초의 또한 스승의 말처럼 선비들과 교유하며 서로 다른 사상이 어우러지는 세상을 만들기 위해 애쓰지 않았던가? 다산이 말한 '진짜 공부'는 나만이 아니라 다른 이들의 삶에도 관심을 가지고 함께 어우러지는 세상을 만드는 것이었다. 나와 다른 직업을 가진 사람, 나와 다른 종교를 믿는 사람, 나와 다른 문화를 지닌 사람을 만나 생각을 나누고 삶을 나누며 함께 성장하는 것 말이다. 오늘도 몸과 마음을 방 안에 가둬 둔 채 죽은 공부에만 매달리는 우리에게 다산은 말한다. 더 넓은 세상으로 나가라고. 공부란 방 안에 똬리를 틀고 앉은 마음을 세상 밖으로 던지는 것에서 시작된다고. 세상 밖에 나가 다른 사람과 교유하며 더 넓은 세상을 배우라고.

허례허식에 신경 쓰지 말 것

두 아들에게 보냄

이번에 보내는 《제례고정》[15] 한 권은 내 평생의 뜻이 담겨 있는 것이다. 태뢰太牢와 소뢰少牢라는 명칭을 세상 사람들이 모르는 것은 아니지만, 그저 태뢰가 소 한 마리, 양 한 마리, 돼지 한 마리를 일컫는 말이고 소뢰가 양 한 마리, 돼지 한 마리를 일컫는 말이라는 것만 알지 변두궤형[16]의 정연함이 천지의 조화와 같은 것임은 알지 못한다.

15 제례고정(祭禮考定)은 다산이 제례(祭禮)를 상고하여 저술한 책으로 〈제법고(祭法考)〉·〈제기고(祭期考)〉·〈제의고(祭儀考)〉·〈제찬고(祭饌考)〉의 내용으로 구성되어 있다.

16 변두궤형(籩豆簋鉶)은 모두 제기(祭器)이다. 변은 과일·포(脯)를 담는 대나무를 엮어 만든 그릇이고, 두는 식혜·김치 등을 담는 나무로 만든 그릇이며, 궤는 서직(黍稷)을 담는 그릇으로 바깥쪽은 둥글고 안쪽은 네모지며, 형은 국을 담는 그릇으로 귀가 둘, 발이 셋 달렸다.

옛사람들은 잔치를 베풀고 제사를 지낼 때에 모두 지위에 따른 등급을 두어서 매번 태뢰·소뢰·특생特牲·특돈特豚·일정一鼎·포해脯醢 등 여섯 가지 중에서 골라 사용하였고, 나물 하나 과일 하나도 감히 제 마음대로 더하거나 빼지 못하였으니, 선왕의 법제가 이렇게 엄격하고 치밀하였다. 태뢰라는 것은 천자나 제후가 사용하는 물건인데, 오늘날은 감사가 각 고을을 시찰할 때 열리는 연향에서 쓰이는 그릇의 수가 태뢰에 비해 5배도 넘는다. 옛말에 '음식을 물 쓰듯 낭비하고 뱃놀이와 사냥과 음주에 빠져 자기 일을 팽개치고 돌보지 않는다.'라고 하였는데,[17] 불행히도 요즘 실태가 이 말과 비슷하다.

나의 이 《제례고정》은 단지 제사를 지낼 때뿐 아니라 서울과 지방에서 사객使客의 접대와 혼인과 회갑 등 일체 연향의 음식에 대해서도 모두 분명하게 규정지어 놓았으니, 이것을 공경히 준행하여 감히 벗어나지 않는다면, 세상의 질서를 바로잡는 데 도움이 될 것이다.

내가 수년 전에 이 책을 완성하였다면 어찌 선조先祖(정조를 가리킴)께 올려 크게 시행되지 않았겠느냐. 책이 완성되고 나니 북받쳐 오르는 슬픔을 누를 길이 없구나.

17 《맹자(孟子)》 〈양혜왕 하(梁惠王下)〉에 나오는 말로, "눈을 서로 흘기며 헐뜯으니 백성들이 마침내 원망하고 미워하는데도 천명을 거슬러 백성들을 학대하고 음식을 흐르는 물처럼 낭비하고 뱃놀이·사냥·음주에 빠져 자기 일을 팽개치고 돌보지 않으니 제후에게 폐를 끼칩니다.[行或使之 止或尼之 行止非人所能也 吾之不遇魯侯天也 臧氏之子焉能使予不遇哉]"라고 하였다.

음식은 살기 위해 먹어야 하는 생존 수단이기도 하지만, '사람을 대접'하는 의미로 쓰이기도 한다. 누군가 집에 오면 귀하고 맛있는 음식을 대접함으로써 예를 다한다고 생각한다. 이런 관습 때문에 '조찬'이나 '오찬'에는 수백만 원을 호가하는 재료가 사용되고, 제사상이나 차례상에는 다 먹지도 못할 음식을 올리는 문화가 뿌리 깊이 박혔다. 아무리 상상을 초월하는 조찬·오찬 문화에 분노하고, 명절 기간이 되면 음식물 쓰레기양이 20% 이상 증가한다는 기사가 나와도 오래된 관습은 쉽게 깨지지 않는다.

다산은 그가 살던 때부터 이런 허례허식을 줄여야 한다고 말했다. 겉치레에 신경 쓰지 말고 합리적으로 살아야 한다며 제사 음식은 물론 잔치를 베푸는 것도 법도에 맞게 하라고 강조했다. 특히 고관대작들이 허례허식을 탐하고 자기 이익만 챙기는 것을 강하게 비판했는데, 1808년 아들에게 보낸 편지에도 그 뜻이 잘 담겨 있다.

다산은 편지와 함께 책 한 권을 아들에게 보냈다. 평생 뜻한 바를 담은 《제례고정》이었다. 그는 편지에 옛사람들은 연향을 베풀고 제사를 지낼 때 여섯 가지 등급으로 나누어 법도를 지켰으나, 요즘 사람들은 그런 것을 무시하고 겉치레에 치중하고 있다며 지적했다. 순시를 나온 관찰사에게 천자나 제후가 사용하는 음식의 다섯 배나 되는 양을 접대하고 있음을 한탄한 것이다. 상다리가 부러지게 음식을 차려 놓고 풍악을 울리고 있을 관찰사와 끼니를 제대로 챙기지 못해 허기진 배를 움켜쥐고 들로 산으로 일을 하러 가는 백성들이 겹쳐 보였기 때문일 것이다.

《제례고정》은 제사에 관한 것뿐만 아니라, 서울과 지방에서 손님을 대접할 때와 혼인과 회갑 등을 치를 때 어떻게 음식을 내놓아야 하는지 규범을 적은 책이다. 다산은 아들이 이 책을 규칙으로 삼아 잘 지키기를 바랐다. 이를 통해 자신이 쓴 책이 세상에 도움을 줄 수 있다고 믿었기 때문이다. 그래서 다산은 《제례고정》을 일찍 완성하지 못한 것을 안타까워했다. 자신이 몇 년 전에만 완성했어도 정조에게 올려 전국에서 이대로 시행할 수 있도록 했을 텐데, 정조가 떠난 후에야 책을 완성해 그럴 수가 없었기 때문이다. 다산은 이제야 책을 완성하고 나니 차오르는 슬픔을 누를 길이 없다며 탄식했다.

다산은 두 아들이 분수에 맞게 합리적으로 행동하기를 바랐다. 자신의 자식들이 솔선수범하여 허례허식에 치중하는 문화를 바로 잡기를 바랐던 것이다. 그래서 자신의 장례식에도 허례허식이 들어서지 못하도록 두 아들에게 당부했다.

1822년 회갑을 맞은 다산은 자신의 인생을 돌아보며 자찬묘지명을 작성한 다음, 자신의 장례 절차에 대한 글을 남긴다. 자신이 죽고 난 뒤에 두 아들이 우왕좌왕할 것을 염려해 어떤 순서로 어떻게 장례를 치러야 하는지 자세하고 꼼꼼하게 편지에 남긴 것이다. 다산은 유언이 될 편지를 시작하며 예를 따르거나 풍속에 따르지 말고 오직 이 편지대로 행하라고 이른다. 자신이 당부하는 것들은 마음대로 정한 것이 아니라 오랫동안 연구한 《예경》에 근거한 것이고, 따라서 자신의 당부대로 하는 것이 예를 지키는 것이라며 그대로 꼭 따르라고 말한다. 다산이 쓴 장례 절차에 관한 편지를 보면 허례허식을 삼가고 소박하게 치르고 싶다는 메시지가 강하다. 시신을 감싸는 옷은 비싼 것을 쓰지 못하게 했고, 관에 시신을 넣고 빈 곳을 채울 때도 옷이나 솜을 쓰지 말고 짚이나 황토를 사용하라고 일렀다. 또 자신의 무덤을 쓰기 위해 풍수설에 따라 묏자리를 봐주는 지사를 부르지 말고 자신의 시신을 그냥 집의 뒷동산에 묻으라고 당부했다. 묘 앞에 석물도 지나치게 세우지 말라고 덧붙였다.

다산은 삶의 모든 방위에 '합리'가 적용되길 바랐다. 한두 사람을 위해 지나친 격식을 차리는 것보다 많은 사람의 삶이 더 중요하다고 생각했기 때문일 것이다. 그러나 수많은 세월이 흐른 지금도 겉치레에 치중하느라 정작 중요한 것을 놓치고 사는 모습이 자주 목격된다.

2015년 11월 26일, 국회의사당에서 전직 대통령의 영결식이 있었다. 영하 2도의 추운 날씨에 갑자기 눈까지 내려 체감온도는 영하 5도까지 떨어졌다. 영결식에 참석한 사람들은 코트에 목도리를 두르고 무릎 담요까지 덮었다. 그런데 추모곡을 부르기 위해 참석한 어린이 합창단은 얇은 단복 차림으로 눈을 맞으며 덜덜 떨어야 했다. 방한복을 입을 경우 '외관상 좋지 않다'는 담당자의 판단 때문이었다. 무엇이 중요한지 모르는 어른 때문에 어린이들은 두 시간 가까이 추위에 떨며 순서를 기다렸다. 이 소식은 강종민 CBS 기자의 취재로 세상에 알려졌다. 그는 영결식 취재를 하다 추위에 떨고 있는 아이들을 발견했고, 곧바로 합창단 인솔자를 만나 상황에 대해 문의했다. 그는 주최 측에서 담요를 덮지 못하게 했다는 얘기를 듣고 이 사건을 기사화하기로 결심했다. 강종민 기자의 기사가 보도된 후 한 사람의 인권보다 여전히 겉치레에 치중하는 문화에 분노하는 여론이 들끓었다. 이에 행정자치부와 유가족 대표가 행사에 참여했던 어린이들과 가족들에게 사과를 했고, 이 일은 아동 인권 문제에 대한 논의가 확산되는 계기가 되었다.

안타깝지만, 여전히 우리 사회 전반에는 허례허식이 만연하다. 아무리 없애려고 노력해도 하루아침에 말끔히 사라지지 않는다. 그러나 모든 변화는 천천히 조금씩 일어나듯, 허례허식 또한 겉치레보다 '사람'이 더 중요하다는 걸 인지하고, 그것을 실행하는 사람들이 늘어나면 조금씩 사라지지 않을까. 자신이 죽으면 뒷마당에 묻으라

했던 다산의 유언을 지켜 집 뒷동산에 아버지를 모신 다산의 아들처럼, 추위에 떨고 있는 아이들을 보고 그냥 지나치지 않았던 강종민 기자처럼 말이다. 그러니 이제부터라도 '보여주기 문화'에 가려지는 '사람'이 없도록 주변을 잘 살펴보는 건 어떨까?

어디에나 있는 지식 공동체

두 아들에게 보냄

6월 6일은 나의 어진 둘째 형님(정약전)께서 돌아가신 날이다.[18] 아아, 어질면서 곤궁한 것이 이와 같을 수 있단 말인가! 원통하여 부르짖자니 하늘이 무너지는 것 같다. 목석도 눈물을 흘리는데 다시 무슨 말을 하겠느냐. 천지 간 외로운 내게 그저 우리 손암巽菴(정약전의 호) 선생만이 지기가 되어 주었는데, 이제 그를 잃었으니 앞으로는 터득한 것이 있어도 누구에게 이야기한단 말인가. 사람은 지기가 없이 사느니 차라리 진즉에 죽는 것이 낫다. 아내도 나를 알아주지 못하고 자식도 나를 알아주지 못하며 형제와 친척도 모두 나를 알아주지 못하는데, 나를 알아주

18 정약전은 아우 정약용과 흑산도와 강진으로 각각 유배 보내져 헤어진 지 16년 만에 내흑산(內黑山) 우이보(牛耳堡)에서 59세의 나이로 생애를 마쳤다.

던 형님이 돌아가셨으니 또한 슬프지 않겠느냐! 경집經集 240권을 새로 장정하여 책상 위에 놓아두었는데 태워 버려야 한단 말인가!

율정栗亭의 이별[19]이 마침내 천고에 견딜 수 없는 절절한 애통이 되었구나. 그만한 큰 덕과 큰 국량, 깊은 학문과 정밀한 지식에 대해 너희들은 모두 제대로 알지 못하고 오직 그 세상 물정 모르는 것만으로 고지식하고 순박하다고 여기면서 조금도 흠모하지 않았다. 자식과 조카들이 이런데 다른 사람들이야 더 말해 무엇하겠느냐. 이것이 너무나 가슴 아픈 점이고 그 외에는 애통할 것이 없다.

요즘 세상에서는 수령이 상경하였다가 다시 내려올 때면 백성들이 모두 길을 막고서 들어오지 못하게 한다는데, 귀양살이하는 객이 다른 섬으로 옮겨 가려고 하자 그 섬의 백성들이 길을 막고서 그를 계속 더 머무르게 하였다[20]는 말은 들어보지 못하였다. 집안에 이렇게 큰 덕을 지닌 이가 있었는데 그 자식과 조카들 모두 알지 못하니 또한 원통하지 않겠는가? 선대왕先大王(정조)께서 신하에 대해 분명히 아셔서 매번 '형이 동생보다 낫다.'라고 하셨으니, 아, 명철하신 전하만은 그를 알아주신 것이다!

19 율정(栗亭)은 전라남도 나주의 북쪽에 있는 주막거리이다. 1801년(순조 1년) 천주교도 황사영(黃嗣永)이 북경의 주교(主教)에게 전달하려 한, 국내의 천주교도 박해의 시말과 그 대책을 황심(黃沁)의 이름으로 흰 명주에 기록한 밀서가 발각되며 신유사옥이 일어났는데, 이때 다산은 강진으로, 정약전은 흑산도(黑山島)로 유배 가면서 이곳에서 마지막 이별을 했다.

20 정약전은 처음 신지도(薪智島)로 유배되었다가 서울로 압송되고 다시 흑산도로 옮겨 가게 되었는데, 이때 신지도의 백성들이 길을 막고 더 머물게 한 일이 있었다.

지식인으로 산다는 것은 끊임없이 대화할 누군가를 찾는 일이다. 자신이 알게 된 지식을 전하고, 깨달은 진리를 나누며 나의 성장을 확인할 수 있는 지기를 찾는 것이 지식인의 삶이다. 그래서 조선의 선비들은 의견을 주고받을 벗을 찾아 함께 글을 읽고 토론했다. 유배지에서도 학문 연구를 놓지 않은 다산에게는 지적 대화를 나누던 '지기'가 있었다. 그는 정약전이었다. 정약전은 다산의 둘째 형으로 다산에게는 형 이상의 의미가 있는 사람이었다. 두 사람은 어렸을 때부터 함께 학문을 익혔는데, 때때로 사찰에 머물며 책을 읽고 공부하기도 했다. 또, 훗날 자신들의 삶을 옭아매는 서학도 함께 연구했다. 다산은 정약전을 멘토이자 동반자로 생각하며 그에게서 학문과 세상을 배워 나갔다. 정약전 또한 정약용을 자신의 학문을 비춰 보는 거울로 생각했다. 네 살이나 어린 동생이지만, 정약전에게도 다산은 생각과 마음을 함께 나눌 수 있는 동지였던 것이다.

두 사람은 1801년 겨울, 황사영 백서사건에 연루되어 나란히 유배 길에 오른다. 한양에서 출발해 걷고 또 걸어 나주 율정에 도착한 다산과 정약전은 삼거리 주막에서 하룻밤을 묵는다. 새벽이 되어 이제 각자의 삶을 이어갈 땅으로 가기 위해 길을 나서야 하는데,

형제는 아무 말도 못하고 서로 눈만 끔뻑이며 서 있었다. 다산은 애써 목소리를 가다듬어 인사를 건네려 했지만 오열이 먼저 터져 나와 눈물로 인사를 대신할 수밖에 없었다. 훗날 이 기억을 〈율정별栗亭別〉이라는 시로 남긴 다산은 흑산도에 있는 정약전과 편지를 주고받는다. 그러나 이들의 편지는 안부만을 묻는 간단한 편지가 아니었다. 몸은 갇혔으나 정신은 자유로웠던 두 사람은 각자의 땅에서 학문을 연구하고, 서로에게 의견을 물으며 학문의 세계를 확장해간다.

다산은 자신이 쓴 글을 형에게 보내 조언을 구하기도 하고, 서문을 써 줄 것을 부탁하기도 한다. 또, 정약전이 저술하고 있는 《현산어보》에 대해 '그림으로 그리는 것보다 글로 집필하는 것이 더 좋겠다'는 의견을 보낸다. 정약전은 다산이 보내온 《주역사전》, 《악서고존》, 《대학공의》, 《맹자요의》 등을 살펴보고 칭찬과 조언을 아낌없이 글로 적어 보낸다. 그렇다고 두 사람의 편지가 학문만을 위한 토론의 장은 아니었다. 바닷가에 사는 정약전의 편지에 '짐승의 고기는 전혀 먹지 못한다'는 글을 보고 다산은 고기를 구해 삶는 법을 알려 주기도 하고, 정약전의 아들인 학초를 강진으로 데려와 가르치고 싶다는 뜻을 비치기도 한다. 더불어 강진에 살면서 듣고 보고 배운 삶의 지혜를 하나하나 적어 보낸다. 정약전 또한 다산의 둘째 아들인 학유의 마음이 좁고 성미가 급해 걱정이라는 편지를 보내는가 하면, 세상을 떠난 학초를 위해 학유가 둘째를 낳으면 학초의 아들로 입적시켜달라고 부탁하기도 한다.

당대의 내로라하던 학자들은 산골의 허름한 방과 바다의 비릿한 냄새가 배어 있는 방에 앉아서 편지를 썼다. 나의 생각은 이렇다고, 당신의 생각은 어떠냐고. 이들이 사상을 주고받던 편지는 1816년 정약전이 흑산도에서 삶을 마감하며 끝이 난다. 정약전이 세상을 떠났다는 소식을 듣고 다산은 두 아들에게 편지를 보낸다. 어진 분께서 세상을 떠나 원통하다고, 목석도 그분의 죽음에 눈물을 흘릴 텐데 내가 무슨 말을 더 할 수 있겠느냐고. 그러면서 정약전이야말로 자기를 알아준 유일한 '지기'였다고 고백한다. 다산은 자기를 알아주는 지기를 잃고 사느니 죽는 것이 낫다며 통곡하는데, 그 처참함이 얼마나 깊었는지 이제 학문을 연구해도 상의할 사람이 없으니 새로 장정한 경서에 관한 책도 모두 불태워 버려야겠다고 할 정도였다.

다산에게 정약전의 죽음이 더 원통했던 것은 그의 큰 덕과, 모든 이를 이해하고 품는 큰마음, 심오한 학문과 정밀한 지식을 두 아들이 알아보지 못하고 낡은 사상가로 기억하는 것이었다. 정약용은 정조 임금께서도 형님을 보고 '아우보다 낫다'고 하셨다며 임금만이 정약전을 알아봐 주었다고 탄식한다. 어쩌면 다산은 두 아들이 아니라 세상 모든 사람들, 혹은 정약전을 끝내 낯선 땅에서 죽게 만든 사람들에게 이 편지를 썼는지도 모른다. 당신들이 몰라봤던, 아니 어쩌면 알았기에 두려워했던 우리 형님은 정말 훌륭한 사람이었다고, 그가 죽었다고 해서 그의 정신까지 사라지게 할 수는 없다고 목

놓아 외친 것인지도 모른다.

다산과 정약전이 서로에게 건넸던 마음은 '형제애' 그 이상이었다. 두 사람은 각자의 생각을 쌓아 올려 새로운 사상을 구축했고, 그 안에서 깨달은 지식을 나누며 서로를 학자로 존중했다. 이들은 자신의 생각을 편지에 적어 보내며 서로를 '지식 공동체'의 일원이라 생각했다. 지식인들에게 새로운 지식을 발견하는 일만큼이나 중요한 것은 그것을 함께 나눌 수 있는 사람을 만나는 것이다. 자신의 생각을 전달하고 그것에 대한 의견을 구하고 검증받고 공감받으며 생각을 확장할 수 있기 때문이다. 그래서 다산은 유배지에서도 끊임없이 정약전에게 편지를 보냈다. 그러나 이제 누구도 새로 발견한 지식을 종이 위에 적어 보내지 않는다. 클릭 한 번으로 어디서든 원하는 곳에서 전 세계인과 이야기를 나눌 수 있기 때문이다.

누군가 자신이 알고 있는 정보를 인터넷이라는 거대한 편지지 위에 적어 보내면, 그 편지는 지구 반대편에 있는 사람에게 실시간으로 전달된다. 그리고 수많은 사람이 자신들의 생각을 담아 댓글과 좋아요 버튼으로 답장을 쓴다. 그렇게 서로 연결된다. 기술의 발전은 우리를 '디지털 지식 공동체'의 일원으로 만들어주었다. 내 글 하나가 누군가에게 닿아 반짝이는 아이디어가 되고, 내 댓글 하나가 고민의 늪에 빠져 있는 사람을 깨달음의 길로 인도하는 길잡이가 되기도 한다. 이를 통해 '집단지성의 힘'을 경험하기도 한다.

디지털 세상에서 지식 공동체는 더 이상 '그들만의 리그'가 아니다. 누구라도 원한다면 지식 공동체를 만들 수 있고, 쉽게 지식 공동체의 일원이 될 수 있다. 온라인 상에서 평생을 함께 나눌 '지기'를 만날 수 있다는 것이다. 나의 세계를 확장하고 깊이 있게 만드는 일에 기꺼이 동참해주는 나의 지기, 나의 지식 공동체! 그들이 생각보다 가까이에 있음을 기억하자.

스스로 아름다움을 정의하자

윤종진에게 주는 글

안영[21]과 전문[22]은 모두 몸집이 왜소하고 비루하여 보잘것없었다. 그러나 직간으로 임금을 바로잡기도 하고 혹은 기개를 숭상하여 세상에 이

21 안영(晏嬰)은 중국 춘추시대 제(齊)나라의 이름난 재상이다. 키가 워낙 작아 초(楚)나라로 사신을 갔을 때 초나라에서 조그마한 문을 만들어 놓고 맞이하여 그를 모욕한 일이 있었다. 이에 안영이 들어가지 않으면서 말하기를, '개나라에 사신을 온 것이라면 개문(狗門)으로 들어가겠지만, 나는 초나라에 사신을 온 것이니 개문으로는 들어가지 않겠다.'라고 하였다. 《연감류함(淵鑑類函)》

22 전문(田文)은 중국 전국시대 제나라의 공족이자 정치가이다. 맹상군(孟嘗君)이란 시호로 널리 알려져 있다. 그는 빈객으로 천여 명을 거느릴 정도로 인덕이 높은 것으로 유명하였다. 하루는 맹상군이 자기 일행과 조나라를 지나가는데 조(趙)나라 사람들이 그의 명성을 듣고 구경을 나왔다가 그를 보고는 "맹상군은 키가 훤칠한 대장부일 것이라고 생각했는데 이제 보니 불면 날아갈 듯 왜소한 사내로구나!"라며 비웃었다. 이에 그의 빈객들이 그 모욕적인 발언에 칼을 뽑아 현 하나를 쓸어버린 뒤에 떠났다고 한다. 《사기(史記)》 〈맹상군열전(孟嘗君列傳)〉

름을 날렸다. 당나라 때 배도[23]와 우리나라의 이원익[24]은 모두 체격이 보잘것없었으나 이름난 신하와 훌륭한 재상이 되는 데 아무 지장이 없었다. 어째서 그런가? 몸은 집과 같고 정신은 주인과 같기 때문이다. 주인이 훌륭하다면 문설주에 이마가 닿는 아주 작은 집에 살더라도 오히려 남들이 흠모하지만 주인이 용렬하다면 으리으리하게 큰 집에 산다 할지라도 사람들이 천하게 생각하여 업신여긴다. 이치가 그러하다.

아, 너 신동信東은 늦둥이로 태어나 체구가 작아 열다섯이 되었는데도 여전히 어린이 같다. 그렇지만 정신과 마음이 네 몸의 주인인 것은 진실로 거인인 교여나 무패[25]와 다를 것이 없다. 네가 스스로를 작게 여기지 않고 뜻을 세우고 힘을 쏟아 반드시 대인과 호걸이 되겠다 한다면 하늘은 진실로 네 체격이 작다 하여 네가 덕을 이루는 것을 막지 않을 것이다. 체격이 아주 크고 기상이 웅대한 사람은 작은 지혜와 자질구레한 꾀만 있어도 사람들이 오히려 아주 다양하고 현란한 술책이라고 우러러보지만 체구가 왜소한 사람의 경우에는 평범한 말을 해도

---

23 배도(裴度)는 중국 당(唐)나라의 유명한 재상이다. 그는 매우 왜소하여 관상 보는 이에게, "만약 귀하게 되지 않으면 굶어 죽을 것이다."라는 말을 듣기도 하였다. 그러나 당 헌종(憲宗) 때 회서 절도사(淮西節度使) 오원제(吳元濟)가 반란을 일으켰는데, 그가 출정하여 회서를 평정하고 돌아왔다. 《신당서(新唐書)》 권173 〈배도열전(裴度列傳)〉

24 이원익(李元翼)은 조선 중기 문신으로, 키가 작아 '키 작은 재상'으로 불렸으나 임진왜란과 이후 전후 복구에 지대한 공을 세워 다섯 번이나 영의정을 지냈다.

25 중국 춘추시대 때에 오(烏)나라의 숙손씨(叔孫氏)가 적(狄)이라는 이민족의 침략을 당한 일이 있었는데, 그때 적 사람 중에 굉장한 거인이 있었다. 그를 장적교여(長狄僑如)라고 불렀다. 무패는 거무패(巨無霸)라고도 하는데, 전한(前漢) 말 왕망(王莽) 때의 거인으로 키가 10척이나 되었다고 한다.

사람들은 기어이 작은 지혜와 자질구레한 꾀라고 비웃으면서 간사하다고 손가락질하고 소인이라는 딱지를 붙인다. 그러니 이렇게 타고난 사람은 열 배의 힘을 쏟아 매번 충후하며 꾸밈없이 참되고 질박하며 순수한 데 힘쓴 연후에야 겨우 보통 사람의 수준으로 평가받을 수 있을 것이다. 너는 평생 명심해서 말 한 마디 행동 하나에도 감히 스스로를 작게 여겨 경박하게 굴지 말아야 할 것이다. 그래서 나는 너에게 순암淳菴이라는 호를 준다.

사람을 외모로 판단하는 일은 어제 오늘의 일이 아니다. 언제부터 이런 문화가 생겼는지는 알 수 없지만, 다산이 살았던 조선에서도 외모를 중시하는 경향이 있었다. 강진에서 정약용이 가르친 제자들 중에 유난히 체구가 작은 아이가 있었다. 그의 이름은 윤종진으로 다산초당의 주인이었던 윤단의 손자였다. 그의 아버지 윤규노가 주막과 사찰, 제자의 집을 전전하던 다산에게 초당을 내준 사람이다. 윤종진에게는 네 명의 형제가 있었는데, 모두 다산에게 가르침을 받았다. 다산이 유배 생활을 하는 처지였으나 그의 뛰어남을 누구보다 잘 알고 있던 윤규노가 다산에게 자식들을 가르쳐 달라고 청했기 때문이다. 초당으로 거처를 옮긴 다산은 읍내 제자들과 함께 윤씨 문중의 아이들을 가르치기 시작했다. 그때 만난 제자 중에서 가장 어린 사람이 윤종진이었다. 윤종진은 큰형과 열일곱 살이나 차이가 나는 늦둥이였다. 여섯 살 무렵부터 형들과 나란히 앉아 책을 읽고 공부를 했지만, 몸이 약하고 체구가 작은 게 흠이었다. 이런 제자가 마음에 걸렸는지 다산은 그에게 '큰사람이 되라'는 글을 남겼다.

편지는 안영과 전문을 소개하는 것으로 시작됐다. 중국 춘추시대

제나라의 이름난 재상이었던 안영과 전국시대 제나라의 귀족이자 정치가였던 전문은 키가 작고 왜소하기로 유명했다. 그러나 이들은 소신 있는 발언으로 임금을 바로잡았고, 기개를 꺾지 않았다. 또 당나라의 유명한 재상인 배도는 작은 체구에도 불구하고 반란을 일으킨 자들을 평정했으며, 조선 중기 문신 이원익은 '키 작은 재상'으로 불렸으나 임진왜란 후 나라를 다시 일으켜 세우는 데 지대한 공을 세워 다섯 번이나 영의정을 지냈다. 다산은 편지 첫머리에 이들의 이름을 하나하나 거론한 뒤 몸은 집과 같고 정신은 주인과 같다고 말한다. 아무리 작은 집에 살아도 주인이 훌륭하면 남들이 흠모하고, 아무리 으리으리한 집에 살아도 주인이 별 볼 일 없으면 사람들이 업신여기는 것이 이치라고 전한다.

다산은 윤종진이 늦둥이로 태어났기 때문에 몸이 약하고 체구가 작다고 생각했다. 부모가 나이 들어 낳은 자식이기에 부모의 좋은 기운을 마음껏 받지 못한 결과라고 생각한 것이다. 그러나 비록 몸집은 작아도 그의 정신과 마음은 거인과 같다며 제자를 추켜세웠다. 윤종진에게 고대 전설의 거인이었던 교여와 키가 10척이나 되었다고 전해지는 거무패와 견주어도 모자람이 없는 정신과 마음을 지녔다고 칭찬했다. 작고 가녀린 제자에게 키가 3미터가 넘는 거인과 비교해도 그 정신은 뒤지지 않는다며 격려한 것이다. 또, 스스로 작다는 생각을 버리고 뜻을 세우고 힘을 쏟아 큰사람이 되기를 바란다면 하늘도 작다는 이유로 덕을 이루는 것을 막지 않을 것이라고 일렀다. 그러나 대인이나 호걸이 되는 것은 스스로의 노력에 달렸다는 말도 잊지 않았다. 타고난 체격이 작다고 한탄이나 하면서 허송세월을 보내지 말고 남들보다 열 배 더 힘을 쏟고 노력해 덕을 쌓아야 한다고 타일렀던 것이다. 덧붙여 체구가 작다고 경박하게 굴지 말고 사람들에게 소인이라고 낙인찍히지 않도록 성실하게 힘을 쓰라며 순암이라는 호를 지어주었다. 다산은 윤종진이 비록 체구는 작을지라도 바르고 큰마음을 키워, 맑고 순박하고 도타운 사람이 되기를 바랐다.

키 작은 제자에게 '네 안에 거인이 있음을 기억하라'고 용기를 불어넣어야 할 만큼, 조선은 외모를 따지는 곳이었다. 누군가를 칭찬할 때는 '외모도 출중하다' 하고, 누군가를 깎아내릴 때는 '외모도 훤칠하지 못하고 키도 몇 자 되지 않는다'고 한 말이 정조실록에 기록되어 있다. 외모에는 늘 관상이 따라다녔다. 어린아이들의 관상을 두고 평생을 점치는 일도 잦았다. 다산은 사람을 외모로 평가하는 이런 행태를 강하게 비판했다. 관상이라는 것은 사람이 살아가면서 무엇을 익히는가에 따라서 변하는 것인데, 어린 시절의 얼굴로 관상을 보며 평생의 운수를 정해 놓고 풀이하는 것은 '망령된 짓'이라고 말할 정도였다. 다산은 어린 제자가 이런 망령된 짓에 휘둘리며 제 뜻을 다 펼치지 못할까 염려해 뜻을 크게 키우라는 글을 남겼다.

다산이 경계했던 외모지상주의는 지금도 이어지고 있다. 사람을 여전히 외모로 평가하고 판단하고 있는 것이다. 구직사이트 '사람인'에서 실시한 설문조사에 따르면, '구직 때 외모 때문에 차별을 당했다'는 사람이 43.8%였으며, '외모가 구직의 합격과 불합격에 영향을 미친다'고 생각하는 사람은 95.5%에 달했다. 사정이 이렇다 보니 남들의 시선에 맞춰 외모를 가꾸거나 바꾸는 게 당연한 일이 되어버렸다. 나의 생김새와 취향을 다른 이들에게 맞춰가는 것이다. 그러나 '나나랜드'에 사는 '나나랜더'들은 미의 기준은 스스로 정해야 한다고 말한다.

나나랜드는 사회 기준이나 타인의 시선에 연연하지 않고, 자신을 있는 그대로 긍정하며 나만의 기준에 따라 사는 사람들이 있는 세상을 말한다. 이곳에 사는 사람들을 나나랜더라고 부르는데, 세상의 기준에 휩쓸리지 않고, 있는 그대로 나를 존중하며 사는 사람이라는 뜻이다. 김난도 교수가 영화 〈라라랜드〉에서 따와 《트렌드 코리아 2019》에 처음 소개한 나나랜더는 외모로 평가받는 것을 거부한다. 세상의 모든 것을 판단하는 기준이 나에게 있기 때문이다. 키가 크든 작든, 몸이 말랐든 뚱뚱하든 세상의 잣대에 휘둘리지 않고 나를 나로 인정한다. 아름다움도 삶의 방법도 결정하는 사람은 나이며, 누구도 나를 판단할 수 없다고 믿는다.

스스로 아름다움을 정의하는 것은 그것이 '외모지상주의'에 빠져 외모가 전부인 양 떠들어 대는 세상 속에서 나를 제대로 지키는 방법이다. 내 외모의 약점을 고쳐서 자신감을 얻을 수 있다면, 그것을 발판으로 나를 더 사랑할 수 있다면 그것은 내가 행복해지는 하나의 방법이 될 것이다. 그러나 세상의 잣대에 나를 가져다 대고 자꾸 내 단점만 찾게 된다면 그 허울을 만드는 사람이 누구인지 생각해 봐야 하지 않을까? 어쩌면 내가 '외모지상주의'를 찬양하는 세상을 만들고 있을지도 모른다.

외모로 차별받고 싶지 않고, 외모 때문에 원하는 일을 못하게 되는 세상을 막고 싶다면, 나부터 누군가를 외모로 평가하고 판단하는 일을 멈추자. 그리고 누군가 나를 외모로 판단하려 들 때 정중하게 외모품평회를 사양하자. 남의 시선에 휘둘리지 않고 내 아름다움을 당당하게 보여 주는 것, 이것이 외모로 한 사람의 삶을 결정하는 세상을 바꾸는 첫걸음이 될 것이다.

2
부

생각, 이해의 폭을 넓히는 일

세상의 변화를 읽는 능력

두 아들에게 보여 주는 가계

중국은 문명이 일반화되어 궁벽한 시골이나 먼 지방 한구석에서 살더라도 성인이 되고 현인이 되는 데 아무런 문제가 없다. 그러나 우리나라는 그렇지 못해서 도성의 문에서 몇십 리만 떨어져도 태곳적 세상이니, 더구나 멀고 먼 외딴곳이야 더 말해 무엇하겠느냐? 사대부의 가법을 따라 벼슬길에 나아가게 되면 속히 산동네에 셋집을 얻어 살면서 처사處士로서의 본연의 모습을 잃지 말아야 하고 만약 벼슬길에서 떨어져 나가게 되면 속히 서울에 깃들어 살 방법을 찾아서 높은 문화에 대한 안목의 수준이 떨어지지 않게 해야 한다.

내가 지금 죄인의 명부에 이름이 적혀 있으므로 우선은 너희들을 시골집에서 몸을 사리며 지내게 하였다만, 조금만 지나면 서울의 십 리 안에서 반드시 거처할 수 있게 할 계획이다. 만약 가세가 기울어 도성의 중심에 들어가 살 수 없다면, 잠시 근교에 머무르며 과수를 심고 채소를 가꾸어 생계를 도모하여 재산이 좀 넉넉해지기를 기다렸다가 다시 도심의 중앙으로 들어가더라도 늦지 않을 것이다.

화를 당하고 복을 받는 이치에 대해서는 옛사람들도 의심해 온 지 오래되었다. 충과 효를 행한 사람이라 하여 반드시 화를 면하는 것도 아니고, 선을 모르고 방탕하게 산 자라 하여 반드시 복을 누리지 못하는 것도 아니다. 그러나 선을 행하는 것이 복을 받는 길이 되므로 군자는 열심히 선을 행할 뿐이다. 예로부터 화를 당한 집안의 자손들은 반드시 놀란 새가 높이 날고 놀란 짐승이 멀리 도망하듯이 그저 더 멀고 깊은 곳으로 들어가지 못할까 걱정했는데, 이렇게 하면 결국에 가서 노루나 토끼처럼 되어 버리고 말 뿐이다.

대체로 부귀하고 명망 있는 집안의 자식들은 재난이 당장 눈앞에 닥쳐어도 편안하여 아무 걱정이 없는 반면 몰락하여 버림받은 집의 가족들은 태평하기 그지없는 세상에서도 항상 걱정거리를 말한다. 이는 그들이 그늘진 벼랑이나 깊숙한 골짜기에 살아서 해의 밝고 강한 기운을 보지 못하는 데다가 함께 지내는 사람들도 모두 버림받고 벼슬길이 막혀 슬픔과 원망에 젖어 있는 부류들이기 때문이다. 듣는 것이라고는 죄다 사리에 맞지 않고 치우치고 비루한 이야기들뿐이어서 은둔하고는 거들떠보지 않게 되는 것이다.

진실로 바라건대, 너희들은 항상 마음과 기운을 현달한 위치에 있는 사람들과 다름없이 화평하게 다스려서 아들이나 손자 대에 가서는 과거에도 마음을 두고 국정 운영에도 신경을 쓸 수 있게 하거라. 하늘의 이치는 돌고 도는 것이어서 절대 한 번 넘어졌다 해서 일어나지 못하는 것이 아니다. 한순간의 분노를 이겨내지 못하고 분연히 떨치고 일어나 면 시골로 이사해 버리는 사람과 같은 경우는 하잘것없는 무지렁이로 끝나고 말 뿐이다.

발전한 기술이 우리에게 준 가장 큰 선물은 언제 어디서든 새로운 문화를 접할 수 있다는 것이다. 서울에 있든 부산에 있든 요즘 유행하는 게 무엇인지 알 수 있고, 볼 수 있으니 말이다. 그러나 다산이 살던 조선시대에는 이런 일이 불가능했다. 모든 문화가 서울에 집중되어 있었고, 궁에서 결정된 일들이 다른 곳으로 전해지기까지 많은 시간이 필요했다. 서울이 아니면 새로운 것을 접하기가 어려웠던 것이다. 그래서 다산은 두 아들이 서울 가까이에 살면서 문화를 접하기를 바랐다. 다산에게 서울은 '문화를 보는 안목을 키우는 곳'이었기 때문이다.

1810년 초당에 거처를 마련한 다산은 동암에 앉아 두 아들에게 편지를 쓴다. 되도록 서울 가까이에 살라는 내용이었다. 다산은 자신의 두 아들이 서울 가까이에 살면서 문화를 보는 시선을 키우고 성인이나 현인이 되는 안목을 잃지 않기를 바랐다. 그래서 벼슬길에 오르면 산비탈이나 언덕에 있는 집이라도 빌려 살면서 일을 재빠르게 처리할 수 있도록 해야 하고, 만약 벼슬에서 물러나면 서울에 깃들어 살 방법을 찾아서 문화를 보는 안목을 지켜야 한다고 했다.

강진에 묶여 있던 다산은 자신 때문에 두 아들이 문화를 충분히 경험하지 못하는 것을 안타까워했다. 그래서 편지에 자신의 계획을 밝힌다. 앞으로는 지금처럼 서울과 멀리 떨어져 살게 하지 않겠다고. 지금은 유배된 몸이라 어쩔 수 없지만, 세월이 좋아지면 두 아들을 서울에서 십 리 안에 살게 하겠다고 선포한다. 만약에 가세가 기울어 서울 한복판으로 들어갈 수 없게 되면, 서울 근교에서라도 과일과 채소를 심으며 살다가 조금 넉넉해졌을 때 다시 서울 안으로 들어가도 늦지 않을 것이라고 말한다.

다산은 서울이 문명의 혜택을 가장 많이 받는 곳이라고 생각했다. 그래서 두 아들이 문명의 세계인 서울에서 떠나지 않기를 바랐다. 다산은 자신과 두 아들은 비록 서울 생활을 하지 못한다 하여도 자손 대에 이르러서는 상황이 달라질 수도 있다고 믿었다. 자손들이 과거에 응시할 수도 있고 나랏일을 도우며 세상을 구할 수도 있으니, 그들이 마음에 큰 뜻을 품을 수 있도록 하라고 두 아들에게 이른다. 비록 지금은 망한 집안이지만 하늘의 이치는 돌고 도는 것이니 한 번 넘어졌다고 포기하지 말고 다시 일어설 수 있다고 생각하라고 말이다.

다산은 두 아들이 아무리 화를 당한 집안의 자손이라도 그늘진 깊숙한 골짜기에서 살지 않기를 바랐다. 문명에서 멀어지면 깊은 산속에 있는 노루나 산토끼처럼 무지렁이가 될 뿐이라며 부디 벼슬길에 있는 사람들과 다르게 생활하지 말라고 당부한다. 그리고 마지막으로 쐐기를 박는다. 한 번 멀리 떠나면 다시 돌아오지 못하니, 잠깐의 분노를 이기지 못하고 욱하는 마음에 먼 시골로 이사를 해서는 안 된다고.

이 편지를 처음 읽었을 때는 다산도 어쩔 수 없는 속물이라고 생각했다. 자녀의 출세를 위해 서울살이를 당부하는 아버지로 보였기 때문이다. 그러나 편지를 다시 읽어 보니 다산의 마음이 보였다. 다산이 원한 것은 세상이 말하는 출세가 아니었다. 그가 서울 가까이에 살아야 한다고 했던 것은 두 아들이 삶에 대한 희망을 버리지 않기를 바랐기 때문이었다. 망한 집안의 아들이라며 스스로를 자책하지 않고, 내일을 도모하기를 바랐던 것이다. 다산의 자녀들은 궁궐 가까이에 살다 하루아침에 풍비박산 나 도성 밖으로 내쳐졌다. 임금의 총애를 받으며 규장각에서 일하던 아버지가 끌려가는 것도 보아야 했다. 다산은 자신보다 두 아들의 처지를 더 걱정했을 것이다. 한창 학문을 닦고 문화를 보는 안목을 키워야 할 나이에 이렇다 할 목표도 없이 낙향해 살아야 하는 아들이 안쓰러웠을 것이다.

다산이 말한 '안목'은 세상의 변화를 읽어내는 능력이었다. 언제 어디서 어떤 변화가 일어나든 빠르게 해석하고 대응해 시대에 앞서가는 사람이 되는 능력. 이런 능력은 오늘날에도 유효하다. 2019년 겨울, 느닷없이 닥친 바이러스 감염은 우리 삶을 일순간에 바꾸어 놓았다. 기업들은 재택근무를 시행했고, 학교 수업은 온라인 강의로 대체되었으며, '비대면', '언택트'라는 말이 일상어가 되었다. 코로나 바이러스의 출현은 온 지구인에게 변화를 읽어내는 능력을 요구했고 사람들은 두 부류로 나뉘었다. 변화에 적응하는 자와 그렇지 못한 자로. 사람들은 살아남기 위해 '변화'를 선택했지만, 사실 그것은 생존을 위한 '적응'이었다.

'살아남기 위해 변화에 적응해야 한다'는 말은 갑자기 튀어나온 말이 아니다. 이미 150년 전, 진화를 연구하던 학자들이 사용했고, 그 이후 새로운 문화와 문명이 등장할 때마다 언급되어 왔다. 영국의 철학자이자 경제학자인 허버트 스펜서는 1864년에 발표한 그의 저서 《생물학 원리》에 '적자생존'이라는 말을 처음 제시했다. 환경에 적응하는 생물만이 살아남고 그렇지 못한 생물은 도태되어 사라진다는 의미였다. 이 말은 찰스 다윈의 이름과 함께 널리 전파되었고, 새로운 환경이 등장할 때마다 회자되고 있다.

돌이켜 보면 세상이 빅뱅에 의해 생겨났든, 천지창조로 인해 만들어졌든 그때부터 지금까지 쉼 없이 변화했다. 그러나 세상은 한 번도 자신의 변화를 대놓고 예고하지 않았고, 바뀌는 시기를 알려주지 않았다. 단지 변화를 감지하려고 노력하는 사람에게만 변화의 기류를 전했을 뿐이다. 그 기류를 감지한 사람은 발 빠르게 변화에 적응해 세상을 이끌어 가는 사람이 되었고, 현실에 안주해 제자리에 머물렀던 사람은 앞서가는 사람들에게 치여 설 자리를 잃었다. 그렇게 '적자생존'이 태초부터 지금까지 지속되었다.

문제는 변화와 적응의 시간이다. 세상이 변하는 시기가 빨라지면서 변화에 적응할 수 있는 시기도 짧아졌다. 예전에는 다른 사람의 변화를 지켜보다가 이쯤에서 나도 변해야겠다고 생각하고 노력하면 함께 발맞춰 갈 수 있었지만, 이제는 더 이상 '기다림'이 허락되지 않는다. 누가 어떻게 변하고 있는지 지켜볼 시간이 없다는 뜻이다. 그런 의미에서 프레퍼prepper의 재등장은 예견된 일이었는지도 모른다. 원래 프레퍼는 재앙이나 재난이 일어날 것을 대비해 평소에 철저하게 준비하는 사람을 일컫는 말이다. 그러나 팬데믹 시대의 프레퍼는 더 이상 생존을 위해 먹거리를 저장하고, 안전하게 숨을 벙커를 만드는 사람만을 의미하지 않는다. 어떠한 현상이 작은 요인으로 한순간 폭발하는 '티핑포인트Tipping point'가 왔을 때 그 상황에 적응해 생존할 수 있도록 준비된 사람을 포함한다. 어떤 방아쇠가 당겨져도 그 이후의 상황에 흔들림 없이 적응해 생존하기 위해 노력하는 사람을 일컫는 것이다. 어쩌면 다산이 서울을 떠나지 말라고 한 것은 프레퍼가 되라는 뜻이었는지도 모른다. 문명이 있는 곳에 머물면서 변화를 감지하고, 살아남으라는 뜻!

이제 급변하는 세상에서 미래를 읽어내는 능력은 '생존을 위한 기본 옵션'이 되었다. 그러나 아이러니하게도 세상이 급변하면서 미래를 예측하는 일이 어려워졌다. 아무것도 확실하지 않으며, 세상이 어떻게 변할지 모르고, 어떤 현상이 우리 앞에 나타날지 정확히 예측할 방법이 없다. 이런 시대에 우리가 해야 할 일은 생존 본능을 깨우는 일이다. 어떻게든 살아남겠다는 의지를 가지고 더 넓은 시선으로 관찰하고 분석해야 한다. 어떤 상황이 벌어져도 당황하지 않고 그 변화에 적응하는 유연함을 기르는 것이다. 이것이 태초부터 지금까지 이어온 '적자생존'하는 일이고, 급변하는 위기의 시대에 기회를 포착하는 일이 아닐까? 그러기 위해서는 다산의 말처럼 '문명의 세계'에 머물러야 한다. 이것은 비단 서울에만 머무는 것이 아니라 '앎의 세계'에 머물러야 한다는 뜻이다. 변화를 감지하고, 맞이하고, 적응하는 일, 그것은 '앎의 세계'에서만 일어나는 일일 테니까.

직진만 하지 말고 잠시 멈출 것

천진암에서 노닐었던 일에 대한 기

정사년(1797년) 여름에 나는 명례방明禮坊에 있었는데, 석류가 처음 꽃을 피우고 보슬비가 막 개었으므로 초천[26]에서 물고기 잡기에 가장 알맞은 때라는 생각이 들었다. 그러나 규정상 대부는 휴가를 청하지 않고서는 도성문을 나설 수 없다. 휴가를 얻을 수가 없었으므로 결국 그대로 출발해서 초천에 갔다.

다음날 강에 그물을 쳐서 고기를 잡았는데, 크고 작은 고기가 모두 50여 마리나 되어 조그만 거룻배가 무게를 감당하지 못해 고작 몇 치 정도만 가라앉지 않고 물 위에 겨우 떠있었다. 배를 옮겨 남자주濫子洲

26 초천(苕川)은 다산의 고향 마을로, 지금의 경기도 남양주시 조안면 능내리 일대이다.

에 정박해 놓고는 즐겁게 한바탕 배불리 먹었다. 얼마쯤 있다가 내가 "옛날에 장한은 강동을 생각하면서 농어와 순채 이야기를 꺼냈죠.[27] 물고기라면 저도 이제 맛을 보았고요, 지금 산나물이 한창 향기로울 때이니, 천진암天眞菴에 가서 노닐지 않을 수 있겠습니까?"라고 하였다. 이에 우리 형제 네 사람은 일가 사람 3, 4명과 함께 천진암으로 갔다.

산속에 들어서자 초목은 이미 울창하였고 갖가지 꽃들이 한창 피어 진한 꽃향기가 코에 넘실댔으며, 온갖 새들이 서로 울어대는데 울음소리가 맑고 아름다웠다. 걸어가면서 새 소리에 귀를 기울이고 서로 돌아보며 매우 즐거워하였다. 절에 도착한 뒤에는 술 한 잔에 시 한 수를 읊으면서 하루를 보내곤 하다가 3일이 지나서야 돌아왔다. 이때 시를 20여 수나 지었고, 산나물도 냉이·고사리·두릅 등 모두 56종류나 먹었더랬다.

27 장한(張翰)은 진(晉)나라의 문인이다. 일찍이 낙양(洛陽)에 들어가 동조연(東曹掾)으로 있었는데, 어느 날 갑자기 가을바람이 일어나는 것을 보고는 자신의 고향 강동(江東) 오중(吳中)의 순채국과 농어회를 생각하면서 "자기 뜻에 맞게 사는 것이 진짜 가치 있는 인생인데, 어찌 수천 리 타향에서 벼슬하여 명예와 작위를 구하겠는가.[人生貴得適志, 何能羈宦數千里 以要名爵乎]"라고 하고, 마침내 고향으로 돌아가 버렸다고 한다. 《진서(晉書)》 권92 〈문원열전 장한(文苑列傳 張翰)〉

사는 게 버거울 때마다 가슴은 우리에게 '거리 두기'를 권고한다. 공장의 컨베이어 벨트처럼 쉼 없이 돌아가는 삶을 잠시 멈추고, '지금', '여기'와 떨어져 지내보라고. 누군가는 수많은 생각들이 뇌를 수천 개로 쪼개 놓는 것 같아서, 누군가는 삶이 우울하고 자신의 인생이 보잘것없게 느껴져서, 누군가는 지금 여기에 있는 모든 것들이 끔찍해서 가슴의 권고를 받아들인다. 그리고 짐을 챙겨 떠난다. 나를 만날 수 있는 고요 속으로. 200년 전, 다산도 그렇게 고요를 찾아다닌 적이 있다. 아버지 정재원이 화순현감으로 있을 때는 형 정약전과 광주와 화순을 두루 다녔고, 궁에서 벼슬을 할 때는 무단이탈을 감행하며 여행을 떠나기도 했다.

1797년 여름, 다산은 임금에게 보고도 하지 않은 채 도성을 나가 고향으로 향했다. 석류꽃이 피고 내리던 보슬비가 멈춰 날이 개어 물고기를 잡기 좋은 때가 되었다는 게 이유였다. '날이 좋아서' 고향으로 떠난 다산은 형제들과 강가에 그물을 치고 고기를 잡았다. 50여 마리의 크고 작은 물고기로 배가 휘청거리자 배를 남자주에 세워두고 배불리 먹고 즐겼다. 그 후 천진암으로 향했다. 고기 맛을 보았으니 이제 향기로운 산나물도 맛보기 위함이었다. 다산은 형제들과 함께 천진암에 도착해 냉이, 고사리, 두릅 등 56가지의 나물을 먹으며 유람을 즐겼다. 3일 후 명례방으로 돌아온 다산은 무단이탈해 여행길에 올랐던 일을 〈천진암에서 노닌 기〉로 남겼다.

다산이 실천한 '삶의 거리 두기'는 유배지에서도 변함이 없었다. 그는 지치고 힘들 때마다 좋은 경치를 보며 심신을 단련하고 싶어 했다. 강진의 첫 거처였던 주막에서는 '조용한 곳'을 많이 그리워했다. 날마다 사람들이 복닥대는 소리에 마음이 흐트러졌기 때문이다. 죽지 못해 살아있는 신세가 되어 제대로 된 거처도 마련하지 못한 다산은 그럼에도 불구하고 책을 읽고 공부를 하려고 노력했다. 그러나 그가 머물던 곳은 주막이었다. 쉴 새 없이 손님들이 드나들고 취객이 언성을 높이는 소리가 끊이지 않았다. 다산은 형 정약전에게 '조용한 장소를 구하고 싶다'는 편지를 썼다. 《주역》을 깊이 있게 공부하고 싶은데 집중이 잘되지 않았기 때문이다. 다산은 거처 근처에서 들리는 여러 가지 소리에 괴로워했다. 특히 닭이 우는 소리와 개가 짖는 소리, 아기가 보채며 자지러지게 울거나, 아낙네가 탄식하는 소리가 가장 견디기 힘들다고 했다. 다산이 머물고 있는 주막의 방은 학문을 닦고 덕행을 수양하기에 적합하지 않았다. 어쩌면 다산은 정약전에게 '조용한 곳'에 대한 편지를 쓰며 오래전 형과 함께 다녔던 유람을 떠올렸는지도 모른다. 무단이탈을 하면서까지 형들과 고기를 잡고 시를 읊으며 지냈던 그 날을. 직진만 하다 불현듯 멈춰야겠다고 마음먹고 '삶의 거리 두기'를 실천했던 그 날을 말이다.

다시는 형제들과 여행을 하지 못하리라 생각했던 다산은 해배 후에 큰형 정약현과 함께 춘천으로 유람을 떠난다. 형이 며느리를 맞아들이기 위해 띄운 배에 함께 올랐던 것이다. 다산은 북한강을 거슬러 춘천으로 향했다. 사라담과 고랑도, 수곡과 청평, 미원동구를 지나 홍천을 거쳐 금허촌과 남이섬, 현등협 등을 경유해 사돈댁에 도착했다. 다음 날 길을 나선 다산은 소양정을 돌아보고 청평사에서 폭포를 보았다. 그는 이때 만난 풍경들을 모두 마음에 새겼고, 시로 남겨 《천우기행권穿牛紀行券》으로 엮었다.

형 정약현과 함께 춘천에 다녀왔던 다산은 3년 뒤, 또다시 북한강 위에 배를 띄웠다. 이번에는 장손 정대림의 혼인을 위해서였다. 이때도 다산은 소양정에 올랐고, 청평산에 들어가 폭포를 바라봤다. 그리고 곡운구곡谷雲九曲에 다녀왔다. 곡운은 문신이었던 김수증의 호로 붕당이 격화되자 그가 벼슬을 버리고 은거했던 곳이다. 다산은 첩첩 쌓인 산과 겹쌓인 골짜기, 진귀한 바위와 맑은 여울을 눈과 마음에 담았다. 그리고 집으로 돌아와 〈산수심원기〉를 마무리했다. 열흘 동안 다녀온 춘천에서 다산은 마음에 큰 위안을 받았던 모양이다. 몇 달 후, 인척에게 편지를 쓰며 '초여름에 곡운의 산수를 유람했더니 정신과 원기가 좀 회복되었다'고 할 만큼 춘천의 산수는 다산에게 새로운 힘을 주었다.

다산에게 여행은 보다 나은 삶을 위해 잠시 쉬어가는 시간이었다.

궁궐에서 온갖 시기 질투를 받으며 일을 할 때도, 버려진 신세로 강진에서 글을 읽을 때도, 고향으로 돌아와 몸을 낮추어 살 때도 그는 자연을 만나며 삶을 살아갈 힘을 얻었다. 잠시 고요 속에서 발길을 멈추고, 그 안에서 한 발 더 나아갈 힘을 얻었던 것이다.

우리는 다산이 살았던 때보다 복잡한 세상에 살고 있다. 더 많은 사람을 만나고 더 많은 일을 한다. 눈 깜짝할 사이에 수많은 정보가 오가고 주변의 모든 것이 빠르게 변한다. 우리는 이런 세상에서 살아남기 위해 모든 신경을 뾰족하게 세우고 민감하게 반응하며 살아간다. '쉬고 싶다'는 말을 입에 달고 살지만, 쉼을 선택하지 못한다. 언제나 '이것만 끝나면'이라는 전제 조건을 붙인다. 그러나 '이것만'은 영원히 사라지지 않는다. 하나의 '이것만'이 끝나면, 꼬리를 물고 있던 다른 '이것만'이 따라오고, 그 뒤에 또 다른 '이것만'이 따라 들어 온다. '이것만'들 사이에 강제로 쉼표를 넣지 않으면, 결코 멈춰 설 수 없는 이유다.

용기를 내 '쉼'을 '선택'한 사람들은 '고요'를 찾아간다. 자연에 마음을 헹구며 내면의 소리에 집중한다. 삶에 쉼표를 넣는 일은 거창한 게 아니다. 어딘가 멀리 떠나 혼자만의 시간을 갖는 것이 가장 좋겠지만, 그럴 수 없다면 지금 여기에서 할 수 있는 일을 하면 된다. 하던 일을 멈추고 한 번도 타 본 적 없는 버스에 올라 낯선 동네를 한 바퀴 돌아오거나, 인적이 드문 산책길을 홀로 걷거나, 혼자서 조용히 영화 한 편을 보는 것만으로도 충분하다. 그곳이 어디든 고요히 홀로 머물 수 있으면 되는 것이다.

쉬고 싶다는 생각이 드는 건, 그동안 최선을 다해 살았다는 증거다. 그러니 가슴이 '거리 두기'를 권고할 때, 직진하는 걸음을 멈추고, 잠시 낯선 길 위에 올라가 마음을 헹궈보면 어떨까. 카오스 속에 있는 우리 삶을 다독이고, 더 멀리 걸어갈 힘을 주는 것은 '지금', '여기'와 떨어져 지낼 수 있는 쉼표뿐임을 기억하면서.

새로운 삶을 열어 주는 독서의 힘

두 아들에게 부침

너희들은 도가 완성되고 덕이 세워졌다고 여겨서 다시 책을 읽지 않는 것이냐? 금년 겨울에는 《상서尙書》와 《예기》 중에 아직 읽지 않은 것을 반드시 읽도록 하는 것이 좋겠다. 그리고 사서四書와 《사기》도 반드시 습관처럼 늘상 읽어야 할 것이다. 사론史論은 그동안 몇 편이나 지었느냐? 근본을 두터이 다지고 좀 잘하는 소소한 부분은 갈무리하여 드러내지 말기를 간절히 바라고 또 바란다. 내가 저술에 전념하는 것은 단지 눈앞의 근심을 잊으려 해서만은 아니다. 한 집안의 부형父兄이 되어서 이토록 누를 끼친 것을 부끄러이 여겨 이렇게라도 해서 속죄하고자 해서이니, 아주 깊은 뜻을 지니고 있다 하겠다. 예설에 뜻을 두지 않아서는 안 되겠으니, 《독례통고》 4갑을 학손鶴孫 편에 보내도록 하여라.[28]

두 아들에게 부침

너희들은 지금 폐족廢族인데, 폐족이 된 처지에 잘 대처해서 가문의 초기보다 더 완전하고 좋게 만든다면, 참으로 기특하고 훌륭한 일이 아니겠느냐. 폐족이 된 처지에 잘 대처한다는 것은 무엇을 말하는 것일까? 그 대처법은 오직 '독서'라는 한 가지 방법뿐이다. 독서야말로 사람에게 있어 최고의 청정한 일로, 부귀한 집 자제는 그 맛을 알 수 없고 궁벽한 시골의 뛰어난 인재도 그 심오한 경지를 알 수 없으며, 오직 벼슬아치 집안의 자제로 태어나 어려서 보고 들은 것이 있다가 중년에 곤경을 당한 너희들 같은 자라야 비로소 독서다운 독서를 할 수 있다. 이는 저들이 책을 읽지 못한다는 것이 아니라, 그저 글자만 읽는 것은 독서라 할 수 없다는 말이다. (…)

나는 네가 이미 진사가 되고 과거에 급제할 실력을 충분히 갖추었다고 생각한다. 글을 알면서도 과거시험 공부에 매이지 않은 것이면 진사나 급제자와 무엇이 다르겠느냐. 너는 진정 독서할 기회를 얻은 것이다. 내가 앞서 말한 '폐족이 된 처지에 잘 대처한다.'라는 것이 바로 이것이 아니겠느냐.

28 이때는 다산이 장기로 귀양 갔을 때인데, 이때 《기해방례변(己亥邦禮辨)》을 지었다. 겨울 옥사 때 분실되기는 하였으나 이때 그는 예설(禮說)에 몰두하고 있었던 것으로 보인다. 《독례통고(讀禮通考)》는 청나라 서건학(徐乾學)이 상례(喪禮)의 제도와 여러 유학자의 학설을 모으고 자신의 설명을 덧붙여 지은 책이다.

학유야, 너는 재주와 역량이 너의 형보다 한 수 아래인 듯하다. 그러나 성품이 자상하고 다각도로 생각하는 능력이 있으니, 독서하는 일에 마음을 오롯이 쏟는다면 도리어 너의 형보다 더 낫게 될지 어찌 알겠느냐. 요즘 네 문장이 점점 나아지고 있는 것으로 보건대 그렇다.

독서는 먼저 바탕을 세우는 것이 필수이다. 바탕이란 무엇을 말하는 것인가? 학문에 뜻을 두지 않으면 독서를 제대로 할 수 없는데, 학문에 뜻을 두려면 먼저 바탕을 세우는 것이 필수이다. 그렇다면 바탕이란 무엇을 말하는가? 효와 제가 바로 그것이다. 반드시 먼저 효와 제에 힘써서 그것으로 바탕을 세우면 학문은 자연히 몸에 배게 되고, 학문이 몸에 배고 나면, 독서는 별도로 그 세부 단계를 논할 필요가 없게 된다.

나는 천지간 외로운 신세로 오직 글 쓰는 일에 마음을 붙여 내 할 일로 삼았다. 간혹 마음에 드는 한 구절이나 한 편의 글을 짓게 되면 그저 나 혼자 읊조리고 감상하다가 '이 세상에서 오직 너희들에게만 보여줄 수 있겠구나.'라고 생각하는데, 너희들의 생각은 독서와는 아득히 멀어져서 문자를 쓸모없어 곧 내다 버릴 것 보듯 하는구나. 세월이 빠르게 흘러 몇 해가 지나 너희들이 나이가 들어 기골이 장대해지고 수염이 텁수룩해지면 얼굴을 대하는 것도 싫어질 텐데, 이 애비의 글을 읽으려 하겠느냐. 나는 조괄이 아버지의 글을 잘 읽어 현명한 아들이 되었다고 생각한다.[29] 너희들이 만일 책을 읽으려 하지 않는다면, 이는 나의 저서가 쓸모없게 되는 것이고, 나의 저서가 쓸모없게 되면 나는 일삼을 것이 없어 마음을 닫고서 흙으로 빚은 인형인 양 될 것이니, 그렇게 되면 나는 열흘도 못 되어 병이 날 것이고, 병이 나면 어떤 약도 효험이 없을 것이다. 이러하니 너희들의 독서는 나의 목숨을 살리는 일이 아니겠느냐. 너희들은 이 점을 생각하고 또 생각해야 한다.

내가 지난번에도 누차 말하였다마는 청족은 독서를 하지 않아도 절로 높임을 받고 중히 여김을 받게 되지만, 폐족이면서 학문도 거칠어서 별 볼 것 없다면 더욱 미움을 받지 않겠느냐? 다른 사람들이 천시하고 세상이 비루하게 여기는 것도 슬픈데, 지금 너희들은 또 스스로 천시하고 스스로 비루하게 여기고 있으니, 이는 스스로가 비통함을 만들고 있는 것이다. 너희들이 끝내 배우지 않고 스스로 포기해 버린다면, 내가 지은 저술과 간추려 뽑아 놓은 것들은 장차 누가 수습하여 편차를 정하고 편집하고 정리하여 책으로 엮어 내겠느냐? 그렇게 하지 못하면 내 글은 결국 전해지지 못하고, 내 글이 전해지지 못하면 후세 사람들은 그저 대계臺啓와 옥안獄案만을 가지고 나를 평가하게 될 것이니,[30] 그렇게 되면 나는 앞으로 어떠한 사람으로 정의되겠느냐. 너희들은 모쪼록 이러한 점까지도 생각해서 분발하여 공부해서 내 학문의 이 실낱 같은

29 조괄(趙括)은 중국 전국시대 조나라의 명장이었던 조사(趙奢)의 아들이다. 아버지의 병서를 읽고 병법을 배웠다. 다만 조괄은 병법을 글로만 배워 변통하며 전략을 펼칠 줄 몰라 진나라와의 중요한 전투에서 장수로 나섰다가 크게 패하여 군대 수십만을 잃고 수도를 포위당하면서 조나라 패망의 길을 열었다. 그러나 이 중대한 전투에서 대패하기 전에 그는 병법 이론을 매우 잘 알고 있었으므로 조나라 내에서 명성이 매우 높았다. 비록 거대한 전투에서 실패하여 변통할 줄 모르는 어리석은 자의 대명사로 후일에 이름이 남았으나 아버지의 책을 제대로 읽고 배워 병법 이론에 정통해서 당대에 명성을 쌓은 것은 분명하므로 다산은 이런 면에서 조괄을 언급하고 있다. 다산의 편지에는 아버지의 글을 잘 읽어 후세에 전한 것으로 조괄을 높이 치는 부분이 여기 외에도 몇 차례 더 등장한다. 《사기》 권81 〈조사열전(趙奢列傳)〉

한 가닥 맥이 너희들 대에 이르러 더욱 커지고 더욱 번창하게 하거라. 그렇게 되면 대대로 높은 벼슬도 이러한 고결함과 바꿀 수는 없는 것이니, 무엇이 고달프다고 이를 버려두고 도모하지 않는 것이냐!

근래에 몇몇 젊은이들이 원나라와 명나라 시기의 경박하고 조리를 갖추지 못한 사람들이 지은 궁상맞고 보잘것없는 문장을 가져다가 모방해서 절구나 단율을 짓고는, 잘난 체하면서 당세에 뛰어난 문장이라고 자부하여 거만하게 남의 글을 폄하하고 고금을 다 평정하려고 하니, 나는 전부터 이들을 딱하게 여겼다. 반드시 먼저 경학經學으로 확실하게 바탕을 다지고, 그렇게 한 후에 역사서를 섭렵해서 그 득실과 치란治亂의 근원을 알아야 하고, 또 모름지기 실제에 쓰임이 있는 학문에 마음을 두고 세상을 다스리는 데 관한 옛 사람들의 글을 즐겨 읽어야 한다. 그래서 마음속에 '만백성을 윤택하게 하고 만물을 그 생명껏 자라게 하겠다는 생각'을 항상 간직한 연후에야 바야흐로 제대로 독서한 군자가 될 수 있는 것이다. 이런 수준이 된 다음에 비로소 혹 안개 낀 아침과 달이 뜨는 밤, 짙은 녹음과 가랑비 내리는 것을 보면 문득 훅 시상이 떠오르고 훌연히 생각이 와 닿아서 저절로 읊어지고 저절로 시가 이루어져 천지자연의 소리가 맑게 울려 나오게 되니, 이것이 곧 시인이 갖추

30 대계(臺啓)는 사헌부와 사간원이 올리는 계사(啓辭)를 말한다. 계사는 공사(公事)나 논죄(論罪)할 것에 대해 임금에게 아뢰는 글이다. 옥안(獄案)은 죄인을 신문한 내용과 판결한 내용 등이 기록된 문서를 말한다. 다산은 아들들이 공부를 게을리해서 자신이 쓴 글을 제대로 편집해 책으로 편찬해 내지 못할 경우, 결국 후세에 남는 것은 자신이 나랏일 할 때 써둔 공문서밖에 없을 것이란 점을 말하고 있는 것이다.

는 생동감의 토대가 되는 것이다. 나의 이 말을 현실감각이 없는 말이라 여기지 말거라.

최근 수십 년 동안 어떤 괴이쩍은 논의가 있어 우리나라의 문학을 크게 배척하여 옛 선현들의 문집에 눈길을 주려 하지 않으니, 이는 큰 문제이다. 사대부의 자제로서 국조國朝의 고사故事를 알지 못하고 선배들이 논의했던 것을 보지 않는다면, 비록 그의 학문이 고금을 꿰뚫었다 할지라도 절로 거칠고 조잡하게 될 것이다. 시집은 굳이 서둘러 볼 것 없으나 상소와 차자箚子, 묘문墓文, 서간문書簡文 같은 것들은 읽어두어서 모름지기 안목을 넓히도록 해야 한다. 또 《아주잡록》[31], 《반지만록》[32], 《청야만집》[33] 등도 두루 찾아 널리 읽어 보아야 할 것이다.

---

31 《아주잡록(鵝洲雜錄)》은 조선 영조 때 홍중인(洪重寅)이 당쟁에 관한 사실과 비평 등을 수록한 역사이다. 편자가 남인인 까닭에 남인에 관계된 기록이 많다.

32 《반지만록(盤池漫錄)》은 조선시대 야사를 기록한 만록류의 작품으로 추정되나 정확한 내용과 작자는 알 수 없다.

33 《청야만집(靑野謾輯)》은 조선 영조 때 이희겸(李喜謙)이 쓴 것으로 보이는 야사집으로, 고려 말부터 조선 숙종 때까지의 이야기들이 실려 있다. 간사한 역적들이 발을 못 붙이게 하고 나라 사람들이 나라의 역사를 알게 하려는 목적으로 기록되었다.

삶에도 소생술이 필요할 때가 있다. 죽어 가는 삶을 살려 내려고 안간힘을 써야 하는 때. 취업문을 통과하지 못하고 그 앞에서 주저앉거나, 오랫동안 계획했던 일이 틀어져 원점으로 돌아가거나, 느닷없이 찾아온 이별에 마음이 무너져 '이번 생은 망했다'고 모든 것을 놓아버리고 싶을 때, 우리에게는 삶을 다시 살릴 응급조치가 필요하다. 어떤 이에게는 한 곡의 노래가 정지된 삶을 되살리고, 어떤 이에게는 '힘내라'는 누군가의 한마디가 미래를 다시 설계할 힘이 되고, 어떤 이에게는 한 잔의 독한 술이 멈춘 것 같은 심장을 다시 뛰게 한다. 폐족의 삶을 살아야 했던 다산에게 망한 인생을 살리는 CPR은 책이었다. 다산은 인생이 완전히 망한 것 같아서 아무것도 할 수 없을 때, 숨을 쉴 수 없어 이렇게 죽는구나 생각될 때 책을 통해 소생술을 해야 한다고 생각했다.

다산이 두 아들에게 책을 읽으라고 편지를 쓰기 시작한 것은 경상도 장기에서 유배 생활을 할 때부터였다. 새벽부터 밤 늦게까지 부지런히 책을 읽어 선비의 마음씨를 가지는 것이 아버지가 바라는 간절한 소망이라며 그 뜻을 저버리지 말아 달라고 당부한다. 며칠 뒤에 보낸 또 다른 편지에는 《서경》과 《예기》, 《사기》와 《대학》,

《논어》, 《맹자》, 《중용》 같은 사서를 반드시 익숙해질 때까지 읽고 또 읽으라고 했고, 역사책을 읽고 나면 꼭 자신의 생각을 정리해 '사론'을 쓰라고 일렀다. 역사서를 읽고 자신의 생각을 정리하면서 세상을 살아갈 지혜를 배울 수 있다고 생각했기 때문일 것이다.

책에 대한 다산의 집착은 강진으로 이배된 뒤에 본격적으로 펼쳐진다. 망한 집안의 자손으로 더욱 잘 처신하기 위해서는 오직 책을 읽어야 한다며, 자나 깨나 손에서 책을 놓지 말라고 강조한다. 다산은 두 아들이 어려서부터 보고 들은 것이 있고, 중년에 곤경을 당했으니 비로소 제대로 된 독서를 할 수 있다고 생각했다. 책의 글자만 읽는 헛독서가 아니라 책 속의 뜻을 제대로 살피는 '진짜 독서'를 할 수 있게 됐다고 생각한 것이다.

아버지 다산은 폐족이 된 두 아들이 교양이 없다고 사람들에게 손가락질 당하지 않길 바랐다. 그래서 대대로 벼슬에 오른 집안의 사람들은 독서를 하지 않아도 존중받을 수 있지만, 폐족은 그럴 수가 없다며 책을 읽어 교양을 쌓아야 한다고 다그쳤다. 사람들이 사헌부에 기록된 자신의 취조문과 공문서에 남은 보고서만으로 그와 집안을 평가하지 않도록, 자신이 쓴 글을 엮어 책으로 만들고 교정하며 정리하라고도 일렀다. 다산은 유배 생활을 하고 있는 자신 때문에 온 집안이 폐족이라 손가락질 받으며 후세에 망한 집안으로 기억되기를 원치 않았다. 그래서 두 아들이 스스로를 천하게 여기지 말고 책을 읽어 성인이나 문장가가 되어 집안을 일으켜 세우기를 바라고 또 바랐던 것이다.

다산의 독서에 대한 집착은 타의 추종을 불허한다. 양계를 하고 있다는 학유에게 닭을 기르더라도 책을 읽어야 한다고 할 정도였다. 사연은 이렇다. 첫째 아들 학연이 다산이 있는 강진으로 내려와 공부를 하던 때의 일이다. 다산은 학연에게서 마재에 남아 있는 학유가 가족들을 먹여 살리기 위해 양계를 한다는 소식을 전해 듣는다. 다산은 닭을 키우는 일은 참 좋은 일이라며 학유에게 편지를 쓴다. 양계를 하는 것에도 품위 있는 것과 천한 것이 있고, 깨끗한 것과 더러운 것이 있으니 책을 읽고 좋은 방법을 골라서 하라고 이른다. 그러면서 때로는 닭을 키우며 느끼는 것을 시로 남겨 놓으라 한다. 이것이 책을 읽는 사람만이 할 수 있는 양계라고 말이다. 다산의 독서 사랑은 여기서 끝나지 않는다. 닭에 관한 이야기가 실린 책들을 찾아 읽고, 닭 기르는 법에 대한 이론을 정리해 《계경鷄經》 같은 책을 한 편 완성하면 더없이 좋겠다고 한 것이다. 아버지 없이 비루한 삶을 살아가고 있는 가족을 위해 닭이라도 치며 먹고 살겠다는 아들에게 품위를 잃지 말고, 책을 읽으며 닭에 대한 시를 짓고, 닭에 관한 책까지 쓰라니! 정말 꼼꼼하고 꼬장꼬장한 아버지가 아닐 수 없다.

도대체 책이 뭐라고, 다산은 아들에게 그렇게 책을 읽으라고 한 것일까? 다산은 책을 통해 새로운 삶을 만날 수 있다고 믿었다. 헐벗은 정신이 책이라는 양식을 통해서 풍요로워지면, 새로운 삶을 설계할 수 있다고 믿은 것이다. 다산의 이런 믿음이 틀린 게 아니라는 걸 증명해준 사람들이 있다. 바로 시리아의 국민들이다.

2011년 3월, 시리아 국민들은 '독재 타도'를 외치며 민주주의를 열망했다. 정권이 교체되어 누구나 자유롭게 말할 수 있는 언론의 자유가 보장되고, 끝없이 추락하고 있는 경제 상황 속에서 최소한의 임금을 보장받길 원했다. 그러나 시리아 정부는 이들을 '외부 무장 테러단체'로 규정하고 제압에 들어갔다. 사람들이 모여 있는 곳에 총알이 발포되고, 폭탄이 떨어졌다. 이로 인해 무고한 사람들이 목숨을 잃었고, 희생된 이들의 장례식장에 모인 이들에게도 총알이 발포되어 죽음 위에 또 다른 죽음이 쌓였다. 시리아 정부군의 폭력은 멈추지 않았다.

그럼에도 불구하고 시리아 국민들은 정부군에 맞서 저항했다. 시리아의 작은 도시 '다라야'에도 저항의 뜻을 꺾지 않은 사람들이 있었고, 정부는 도시를 봉쇄하기로 결정했다. 2012년 11월 8일, 봉쇄령 소식에 마을 사람들은 짐을 꾸려 다른 마을로 몸을 피했다. 그러나 평생을 살아왔던 터전을 떠날 수 없던 사람들과 혁명을 원하는 사람들이 다라야에 남았다. 수시로 드럼통 폭탄이 떨어지고, 생화학 무기가 발포되는 다라야에서 그들은 삶을 이어 갔다. 건물은 파괴

되고, 하루에도 수십 구의 시신이 발견됐다. 봉쇄된 도시에는 물자 공급마저 끊겨 사람들은 늘 죽음의 곁에서 살아야 했다. 그러나 모든 것이 무너진 이곳에 새로운 공간 하나가 생겼다. 폐허가 된 건물 지하에 도서관이 들어선 것이다.

창문 하나 없는 캄캄한 지하실에 도서관을 만든 건 아흐마드와 그의 친구 아부 엘즈였다. 이들은 정부군이 폭격을 가해 오는 곳에서 책을 찾아다니며 생각했다. 자신들이 지금 당장 다른 사람의 목숨을 구할 수는 없지만, 버려진 책을 모으며 쓰러진 다라야를 일으켜 세울 힘을 얻을 수 있을 거라고. 아흐마드는 책을 좋아하는 사람이 아니었다. 그러나 폐허된 건물에서 책을 찾으며 전율했다. 어느 집의 부서진 잔해 속에서 흩어져 있는 책을 발견하고, 먼지를 털어 끌어안으며 그는 평생 느껴 보지 못한 감동을 만났다. 이 책들은 시리아의 유산이며, 이 유산이 지속되는 한 자신들의 영혼도 지속될 것이라고 믿었다. 아흐마드와 친구들은 사람들이 버리고 간 집과 건물에 들어가 여기저기 흩어져 있는 책을 모았다. 주인을 알 수 있는 책에는 이름을 적었다. 책을 훔친 것이 아니라 잠시 보관한다는 의미였다. 전쟁이 끝나면 이 책들이 모두 주인에게 돌아가길 바랐다. 아흐마드와 그의 친구들은 일주일 동안 6천 권의 책을 모았고, 한 달 후에는 1만 5천 권의 책을 수집했다. 그리고 지하에 비밀 도서관을 만들었다.

도서관의 존재가 알려지면서 수많은 사람이 찾아왔다. 창밖에서는 쉴 새 없이 총소리가 들리고, 폭격 후유증으로 땅이 흔들리고, 매캐한 흙먼지가 온몸을 감싸는 중에 도서관을 찾는 발길은 끊이지 않았다. 이들은 파울로 코엘료의 《연금술사》를 읽으며 자기 안의 신화를 찾아갈 방법을 모색했고, 스티븐 코비의 《성공하는 사람들의 7가지 습관》을 읽으며 전쟁이 끝난 후의 삶을 설계했다. 그리고 빅토르 위고의 《레미제라블》을 읽으며 혁명이 쉽게 얻어지는 것이 아니라는 걸 깨달았다. 그러나 그들은 실망하지 않았다. 프랑스 사람들이 원하던 것을 얻었듯 자신들도 언젠가 그날을 만날 수 있으리라 기대했던 것이다.

그들은 말한다. 책은 자신들의 무지를 막을 수 있는 최고의 방패이며, 더 나은 날을 보장해주는 보증이라고. 다라야 사람들은 책을 읽으며 인간성을 지키려 했고, 또 다른 인생을 꿈꿨으며, 전쟁이 주는 잔혹함 속에서 위로받았다. 모든 것이 무너져 삶보다 죽음을 더 가까이 두었던 사람들은 책으로 만든 요새에서 어제의 자신들을 버리고 새롭게 태어났다. 그들의 혁명을 '실패'로 분류할 수 없는 이유다.

어쩌면 다산도 책을 통해서 부활할 내일을 꿈꾸었는지도 모른다. 지금은 죽음과 같은 현실 속에 있지만, 책이 두 아들의 망한 인생을 살리는 CPR이 될 것이라 믿었을 것이다. 그렇게 숨을 이어 가다 보면 언젠가 망한 집안도 일으켜 세울 수 있는 힘을 키울 수 있을 거라고. 모든 것을 상실한 전쟁터에서 다라야의 청년들이 총 대신 책을 들고 구원을 꿈꾸며 내일을 설계했던 것처럼 말이다.

“이번 생은 망했어!”라고 외치는 당신에게 다산과 다라야의 청년들이 말한다. 인생이 망했다고 생각될 때 책을 펼쳐 CPR을 하라고. 당신을 구원할 책을 읽으며 새로운 산소를 공급받으라고 말이다. 그리고 거듭 강조한다. 이번 생이 망했다는 추측보다 더 중요한 것은 당신의 삶이 아직 끝나지 않았다는 것을 알아차리는 것이라고.

배움을 통해 확장되는 세계

초당 제자들에게 주는 글

즐거운 것에서 비방이 무르익고 고통스러운 것에서 칭송이 자라난다. 관유안은 책상의 무릎 닿은 곳에 구멍이 났고,[34] 정이천은 흙으로 빚은 조각처럼 단정히 앉아 있었으니,[35] 이는 세상에서 손꼽히는 괴로운 공부였으므로 온 세상이 이를 칭송한다. 그러나 진후주의 임춘각과 결기

34 관유안(管幼安)은 삼국시대 위(魏)나라 사람으로, 이름은 녕(寧), 유안은 그의 자(字)이다. 어렸을 때 화흠(華歆)과 나란히 앉아 글을 읽다가 화흠이 문밖에 지나가는 벼슬아치를 보러 가자 관녕은 즉시 그를 친구로 여기지 않았을 정도로 곧고 깨끗하였다. 여러 차례 나라의 부름을 받았으나 벼슬에는 나아가지 않았고, 백성들에게 시서(詩書)를 강론하여 교화를 이끌면서 현자로 칭송받은 인물이다. 진나라 황보밀(皇甫謐)의 《고사전(高士傳)》에 보면, 가난했던 그는 늘 명아주로 만든 걸상 하나에 앉아 50여 년을 지내면서 한 번도 양다리를 쭉 뻗고 앉은 적이 없어 책상의 무릎 닿은 곳이 다 닳았다고 한다.

각,[36] 그리고 당명황의 침향정과 연창궁[37]은 세상에서 손꼽히는 즐거운 일이었기 때문에 온 세상이 이를 비방한다. 이후로도 모든 일이 다 그러했다. 안연은 허름한 달동네에서 맨밥 한 그릇에 물 한 사발로 끼니를 때우며 지냈고,[38] 문천상은 시시에서 참혹하게 죽었으나[39] 사람들은 모두 이를 칭송한다. 하지만 계륜의 산호수와 비단장막,[40] 그리고 풍도가 평생 재상으로 지낸 것[41]은 사람들이 모두 비방한다. 칭송은 나를 괴롭게 하는 데서 생겨나고, 비방은 나를 즐겁게 하는 데서 생겨나는 것이다. 너희들은 반드시 깊이 명심하여 잠시도 잊지 말도록 하거라.

35 정이천(程伊川)은 송(宋)나라 때의 도학자로, 이름은 이(頤), 자는 정숙(正叔)이다. 이천백(伊川伯)에 봉해졌으므로 이천 선생이라고 부른다. 형 정명도(程明道, 정호(程顥))와 더불어 성리학의 원류를 형성하였다. 그러나 본문에서 정이천의 모습을 묘사하고 있는 내용은 그의 형 정명도에 대한 일화이다. 그의 문인이었던 사양좌(謝良佐)가 《심경부주(心經附註)》 본장(本章)에서 스승의 용모를 표현한 말로, 아마 편지를 쓸 당시에 착오가 있었던 것이 아닌가 한다.

36 진후주(陳後主)는 남조 진나라의 마지막 임금이다. 그는 궁실을 대대적으로 짓고 지극히 사치스러웠으며 매일 비빈·문신들과 어울려 시를 짓고 놀아서 589년에 수(隋)나라 군대가 쳐들어 올 때도 연회를 하는 도중에 잡혀 수나라의 포로로 살다가 병사하였다. 임춘각(臨春閣)과 결기각(結綺閣)은 망선각(望仙閣)과 함께 그가 지은 3개의 화려한 누각들의 이름이다. 《남사(南史)》 권12 〈후비열전하(后妃列傳下)〉

37 당명황(唐明皇)은 당나라 현종(玄宗)의 시호를 줄여 부른 별칭이다. 침향정(沈香亭)은 달 밝은 밤 현종이 양귀비와 함께 모란꽃을 완상하다가 이백(李伯)을 불러 시를 짓게 한 곳으로 유명하고, 연창궁(連昌宮)은 황제의 행궁 중 하나다. 당나라 문인 원진(元稹)이 〈연창궁사〉에서 연창궁의 흥망성쇠를 안사(安史)의 난 전후의 정치 상황에 빗대어 이야기하는데, 그 안에 현종과 양귀비가 등장하여 유명해졌다.

38 안연(顔淵)은 공자의 애제자이다. 집이 워낙 가난하여 달동네에서 제대로 갖추지 못한 끼니로 연명하였으나 억지로 출세하려 하지 않고 주어진 삶에 만족하며 공부에 정진했다. 그러나 요절하여 공자에게 큰 안타까움을 남겼다. 《논어(論語)》 〈옹야(雍也)〉

초의에게 주는 글

인간 세상은 몹시도 바쁜데 너는 매번 동작이 느리고 무거워서 내내 서사書史에 매달려도 성과는 매우 적다. 내가 이제 네게 《논어》를 줄 것이니, 너는 지금부터 시작하기를 마치 임금의 엄한 분부를 받들듯이 하고, 날을 정해 놓고 독촉하기를 마치 장수가 뒤에 있고 깃발이 앞에 있는 것처럼 하며, 황급하게 몰아대기를 호랑이나 교룡蛟龍이 곧 덮치려 닥쳐오는 것처럼 해서 아주 잠깐이라도 감히 늦추지 말아야 할 것이다. 오직 옳은 이치만을 탐구하되, 반드시 마음을 가라앉히고 집중하여 정밀하게 연구해야만 참된 맛을 얻을 수 있을 것이다.

39 남송의 충신이다. 송나라 덕우(德祐) 초년에 원(元)나라 군사가 침범해 오자 전 재산을 모두 쏟아 군비를 마련한 다음 1만여 명의 근왕병을 모집해서 출정했다. 원나라 장수에게 붙잡혀 연경(燕京)으로 끌려가 3년 동안 온갖 회유와 협박을 받았으나 굴하지 않고 절조를 지키다가 시시(柴市)에서 피살되었다. 형을 당하는 순간에도 〈정기가(正氣歌)〉를 지어 뜻을 보였다. 이에 원나라 세조(世祖)는 그를 진짜 남자라고 칭하였다. 《송사(宋史)》 권418 〈문천상열전(文天祥列傳)〉

40 계륜(季倫)은 진무제(晉武帝) 때 부호로 유명했던 석숭의 자이다. 산호수, 비단장막은 모두 그의 부를 상징하는 것들이다. 석숭은 무제의 생질인 왕개(王愷)와 부를 겨루었다. 한 번은 왕개가 무제로부터 하사받은 2자 남짓한 산호수(珊瑚樹) 하나를 석숭에게 자랑하자 석숭은 대뜸 쇠로 만든 등 긁는 막대기인 철여의(鐵如意)를 들더니 내리찍어 부수어 버렸다. 왕개가 몹시 불쾌해하니 석숭은 곧 돌려주겠다면서 자기 집에 있는 3, 4자 정도의 산호수 6, 7매를 가져오게 하여 왕개를 놀라게 했다. 그리고 두 사람은 비단장막으로도 경쟁했는데, 왕개가 자사보장(紫紗步障) 40리를 치자 석숭은 금보장(錦步障) 50리를 쳤다고 한다. 《진서(晉書)》 권33 〈석숭열전(石崇列傳)〉

41 풍도(馮道)는 오대(五代) 시대의 재상을 지냈다. 그는 일생동안 후당, 후진, 거란, 후한, 후주 등 다섯 나라의 조정에서 여섯 명의 임금을 섬긴 것을 자랑하며 장락로(長樂老)라고 자호(自號)한 고사가 전한다. 《신오대사(新五代史)》 권54 〈풍도열전(馮道列傳)〉

유튜브 검색창에 '공부'를 넣고 엔터를 치면 어떤 영상이 가장 먼저 보일까? 뜬금없는 호기심에 검색해 봤더니 'ASMR'이 나왔다. 공부할 때 집중을 돕는다는 '장작 타는 소리'였다. 누군가 라이브로 계속 그 소리를 송출했는데, 수만 명의 사람이 접속해 그 소리를 함께 듣고 있었다. 공부할 때 듣는 조용한 음악도 아니고 장작 타는 소리라니! 그 소리를 수만 명이 동시에 접속해 듣고 있다니! 놀라웠다. 공부의 괴로움을 잘 아는 누군가와 그 괴로움을 조금이라도 덜어 보려는 누군가가 함께 듣는 백색소음. 타닥타닥 장작 타는 소리를 듣고 있자니 왜 다산이 제자들에게 공부하는 자세에 대해서 편지를 썼는지 알 것 같았다.

다산은 공부하는 제자들의 모습을 살피다 뭔가 필요한 말이 떠오르면 글을 적어 주곤 했다. 1814년 3월 25일, 공부하는 제자들이 몸을 배배 꼬며 힘들다고 투정을 부렸는지, 다산은 '공부하는 괴로움'에 관한 편지를 썼다. 지금 앉아서 공부하는 것은 괴로울지 모르지만, 이게 다 훗날의 영광을 위한 것이니 참고 견디라는 의미의 편지였다.

편지는 '즐거운 것에서 비방이 무르익고, 고통스러운 것에서 칭송이 자란다'는 말로 시작됐다. 지금 당장 즐거운 것보다 고통스러운 것이 결국 나를 기쁘게 한다는 뜻이었다. 다산은 이 이야기를 전하기 위해서 관유안과 정이천의 이야기를 전한다. 중국 위나라 사람 관유안은 평상을 펴고 앉아 공부를 했는데, 그의 무릎이 닿은 곳마다 구멍이 났다. 오랫동안 한자리에 앉아서 움직이지 않고 공부를 했기 때문이다. 북송의 유학자 정이천도 공부할 때 꿈쩍도 하지 않아서 마치 진흙으로 빚어 놓은 사람 같았다. 이들의 공부는 세상에서 손꼽히는 괴로운 공부였으나 세상 사람들에게 칭송을 받았다. 반면 진나라의 마지막 임금인 진후주는 나라는 돌보지 않고 누각이나 침전 같은 건물을 짓고 쾌락을 즐기다 결국 나라가 망했고, 당나라 현종은 침향정이라는 정자에서 양귀비와 향락을 즐겼기 때문에 세상 사람들에게 비난을 받았다. 또 다산은 허름한 달동네에서 검소하게 생활했던 학자 안연과 전쟁이 일어나자 재산을 모두 털어 군비를 마련해 출정했다가 절개를 지키며 죽은 문천상은 사람들이 기리지만, 평생 부를 누리며 살았던 석숭과 풍도는 모두가 비난한다고 적었다. 누군가에게 칭송을 받는 것은 '나의 괴로움'에서 시작되며, 누군가에게 손가락질 받는 것은 '나의 즐거움'에서 비롯되는 것임을 기억하라는 뜻이었다.

다산이 이렇게 말할 수 있었던 건, 다산 자신도 진흙으로 빚은 사람처럼 앉아서 공부를 했기 때문이다. 그 또한 유배지에 있을 때 진득하게 앉아서 공부하다가 복숭아뼈에 구멍이 세 번이나 났었다. 과골삼천踝骨三穿을 경험한 지독한 사람이었던 것이다. 그러니 제자들이 이리 빈둥, 저리 빈둥대며 공부하는 걸 참지 못했을 것이다. 1813년 10월 19일에 그가 아끼던 제자 초의에게 쓴 편지만 봐도 알 수 있다.

초의는 총명했지만, 그 좋은 머리를 두고서 공부하는 걸 미적댄 모양이다. 그래서 다산은 죽비를 내리치듯 편지 한 통을 적는다. 세상이 바쁘게 돌아가고 있는데, 너는 왜 그렇게 동작이 굼뜨냐며 나무라는 내용이었다. 다산은 초의 너처럼 세월아 네월아 하며 공부하다가는 1년이 지나도 거둘 보람이 적을 것이라며, 더 빠르게 공부해야 한다고 말한다. 그리고 이제부터 《논어》를 줄 테니, 임금의 분부를 받은 사람처럼 날짜를 헤아려 가며 공부하고, 마치 뒤에는 두 눈을 부릅뜬 장수가 있고, 앞에는 돌격하라고 휘두르는 깃발이 있는 것처럼 박차고 나가라고 말한다. 또, 주변에 사나운 동물들이 으르렁대며 달려들고 있다고 생각하고 한순간도 멈추지 말고 공부하라며 다그친다. 오직 이치만을 탐구하고, 반드시 마음을 가라앉혀 집중하여 정밀하게 공부하라고 말이다. 그렇게 정신을 바짝 차리고 열과 성을 다해 공부해야만 공부의 참맛을 얻는다며 이제 그만 빈둥대고 공부에 매진하라고 이른 것이다.

다산은 제자들이 공부에 힘을 쏟기를 바랐다. 젊은 날에는 모든 것을 걸어 정열적으로 공부하고, 평생동안 진리를 탐구하며 살기를 바랐다. 그러나 공부가 부귀영화를 누리기 위한 수단이 되는 것을 경계했다. 배움을 통해 세상의 이치를 깨닫고 나를 확장시키는 공부가 진짜라고 생각했기 때문이다. 이런 다산의 생각에 격하게 동의하는 사람이 있다. 바로 프랑스의 신학자이자 철학자인 앙토냉 질베르 세르티양주이다. 세상에서 공부를 가장 좋아했다는 세르티양주는 《공부하는 삶》에서 이와 같이 말한다. 공부의 목표는 '우리 존재를 확장하는 것'이라고. 공부를 통해서 좁아지는 것은 결코 안 되며 삶을 둘러싼 모든 활동들을 통해 우리 자신을 확장할 수 있다고 말이다. 그러니까 괴로운 공부의 목적은 결국 내가 성장하는 데 있는 것이다.

공부는 나를 새로운 세계로 인도한다. 소크라테스가 남긴 말들은 나를 고대 그리스의 광장이었던 '아고라'로 인도하고, 괴테의 문학은 나를 18세기 독일로 이끈다. 3.1절에 읽는 '기미독립선언문'은 나의 가슴을 1919년 3월 1일로 데려다 놓는다. 이렇듯 삶을 둘러싼 모든 활동인 공부는 내가 지금껏 모르고 살아왔던 세상 앞으로 나를 데려다 놓는다. 그 세계를 탐험하며 나는 조금씩 자라난다. 내가 열 살이든, 스무 살이든, 마흔 살이든 나이는 중요하지 않다. 공부를 통해서 성장하고 확장되는 것은 정신이기 때문이다.

나이와 상관없이 배움을 통해 사람이 성장한다는 것을 알려 주는 영화가 있다. 칠팔십대 할머니들이 한글을 배우는 과정을 찍은 다큐멘터리 영화 〈칠곡 가시나들〉이다. 굴곡진 삶의 여정을 건너온 할머니들은 학교를 다니지 못했다. 그래서 한글을 배울 기회가 없었고, 상점 앞에 걸린 간판도, 집으로 도착한 우편물도 읽지 못했다. 스스로를 '까막눈'이라고 말하는 할머니들이 '한글학교'에 다니며 공부를 시작한다. 그런데 공부가 쉽지 않다. 글자가 헷갈리고 외운 낱말이 기억 속에서 자꾸 사라진다. 그럴 때마다 다시 책을 들추고, 선생님의 말을 떠올리며 한 자 한 자 머릿속에 넣어 본다. 반복하고 또 반복하며 머리에 가슴에 글자를 새긴다. 그러던 어느 날, 읍내 상점에 걸려 있는 간판을 읽고, 도시에 사는 자녀들에게 편지를 쓰면서 그들은 또 다른 세계와 만난다. 내가 생각한 것들을 글로 표현하고, 누군가가 쓴 글을 읽을 수 있다는 것은 그동안 만나지 못했던 완전히 새로운 세상이었다. 책상 앞에 앉아 한 자 한 자 외우던 고된 시간은 할머니들을 새로운 세상으로 인도했고, 덕분에 그들의 세계는 전과 비교할 수 없을 만큼 넓고 커졌다.

다산이 살던 시대에는 책상다리를 하고 앉아 책을 보고 또 보는 것이 공부였지만, 이제 우리는 조금만 마음을 기울이면 다양한 방법으로 공부할 수 있다. 인터넷 사이트에 접속해 유수 대학들의 온라인 공개 강좌를 볼 수 있고, 어플을 통해 외국어도 배울 수 있다. 또, 문해력을 키우고, 학력을 보완하고 직업 능력을 향상시키고, 문화예술을 배우며 직접 참여할 수 있다. 언제 어디서든 공부하려는 마음만 있다면 그 세계에 빠질 수 있는 것이다. 그러니 이제 진득하게 앉아서 괴로움을 견디며 공부의 세계로 들어가 보는 것이 어떨까? 첫 마음과는 달리 자주 좀이 쑤시고, 세월아 네월아 하고 싶은 마음이 들겠지만 그럴 때마다 복숭아 뼈가 세 번이나 뚫렸다던 다산을 떠올리면서 자세를 고쳐 보자. 오늘의 괴로움이 언젠가 내게 기쁨을 가져다 줄 것임을 믿으면서!

아낌없이 재산을 나누는 사람들

두 아들에게 보여 주는 가계

세상의 옷이나 음식, 각종 재물 등은 모두 부질없고 허탄한 것들이다. 옷은 입으면 해지기 마련이고 음식은 먹으면 썩기 마련이며 재물은 자손에게 전해 주어도 결국 탕진되어 흩어지게 마련이다. 오직 어려운 처지의 친척이나 가난한 벗에게 나누어 주는 것만이 영구히 없어지지 않는다. 의돈의 창고에 보관되었던 재물[42]은 흔적이 없으나 소부가 받은 황금은 여전히 떠들썩하게 이야기되고,[43] 금곡金谷에 있던 부자 석숭의

42 의돈(猗頓)은 춘추시대 노(魯)나라의 유명한 부자이다. 원래 매우 가난했는데 춘추시대 월왕(越王) 구천(句踐)의 신하로 재물을 모으는 데 아주 뛰어난 능력이 있었던 범려(范蠡)를 찾아가 목축업과 상술을 배워 큰 부자가 되었다고 한다. 《사기(史記)》 권129 〈화식열전(貨殖列傳)〉

별장에 있던 비단 보장은 티끌로 변했으나 범씨 집안의 보리를 실어 나르던 배[44]는 여전히 칭송을 받으니 그 까닭이 무엇이겠느냐? 형체가 있는 것은 망가져 사라지기 쉽지만 형체가 없는 것은 없어지기 어렵기 때문이다. 자기가 자기 재물을 사용하는 것은 그 형체를 사용하는 것이지만 자기 재물을 남에게 베풀어 주는 것은 그것을 정신적으로 사용하는 것이다. 형체가 있는 물질을 가지고 물질을 누리면 반드시 해지고 망가져 사라지게 되지만 형체가 없는 정신을 누리면 변하거나 없어지는 문제를 겪지 않는다.

그러므로 재산을 몰래 숨겨 두는 방법으로는 남에게 베풀어 주는 것보다 더 좋은 방법은 없다. 도둑에게 빼앗길 염려가 없고, 불에 타 버릴 걱정도 없으며, 소나 말로 운반하는 수고로움도 없는 데다가 죽은 뒤로 천 년이 지나도록 꽃다운 명성을 전할 수 있으니, 세상에 이보다 더 큰 이익이 있을 수 있겠느냐? 재물은 단단히 잡으면 잡을수록 더욱 미끄럽게 빠져나가는 것이니 재화야말로 미꾸라지 같은 것이다.

43 소부(疏傅)는 한(漢)나라 때의 소광(疏廣)이다. 태자의 사부(師傅)로 있다가 치사(致仕)하고 돌아올 때 황제와 태자가 수십 근의 황금을 하사하였는데, 고향으로 돌아가서는 날마다 친척과 친구들을 불러다가 잔치를 베풀며 여생을 즐겼다. 집안 자제들은 그것으로 살림을 일으키기를 청하였으나 넘치는 재물을 물려주는 것을 오히려 자손들을 망치게 되는 일이라며 주변과 모두 나누었다. 《한서(漢書)》 권71 〈소광전(疏廣傳)〉

44 범씨 집안이란 송(宋)나라의 명재상이었던 범중엄(范仲淹)의 집을 가리킨다. 그는 어느 날 아들을 시켜 지방에서 보리 500섬을 배에 싣고 오게 했는데, 오는 도중 범중엄의 친구인 석만경(石曼卿)을 만나게 되었다. 석만경은 그때 너무나 가난해서 두 달이나 부모의 장례를 치르지 못하고 있다고 말했고, 이에 아들은 그 배 전부를 석만경에게 주고 빈손으로 돌아온 일이 있었다. 《송사(宋史)》 권314 〈범중엄열전(范仲淹列傳)〉

투자에 관한 격언 중에 '모든 계란을 한 바구니 안에 담지 말라'는 말이 있다. 계란을 한 바구니에 들고 가다가 넘어지면 모든 계란이 깨질 수 있다는 뜻이다. 그러니 투자를 할 때 섣불리 전 재산을 한 곳에 투자하지 말고 여러 곳으로 나눠 위험을 분산하라는 의미다. 다산도 이와 비슷한 말을 했다. 가지고 있는 재물을 나누어 보존하라는 말이었다. 그러나 다산이 말한 '나누어 보존하라'는 투자에 관한 격언과 다른 결을 갖는다.

다산은 두 아들에게 가계로 남긴 편지에 재물을 은밀한 곳에 보관하는 가장 좋은 방법을 알려준다. 그것은 '나누어 주는 것'이었는데, 그렇게 해야 영원토록 보존할 수 있다고 생각했기 때문이다. 다산에게 세상에 있는 옷이나 음식, 재물은 다 부질없는 것이었다. 옷은 입으면 해어지고, 음식은 먹으면 썩고, 재물은 자손에게 물려주면 끝내 사라진다. 그러나 그것을 어려운 처지의 친척이나 가난한 친구에게 나눠 주면 영원히 없어지지 않으니 이보다 재산을 잘 보관하는 방법은 없다고 생각했다. 다산은 두 아들이 자신의 뜻을 쉽게 이해할 수 있도록 춘추시대 때 큰 부자였던 의돈과 중국 한나라 때 높은 벼슬을 했던 소광에 대해 이야기한다. 한 시대를 주름잡던 큰 부자 의돈의 창고는 사라졌지만, 황제에게 받은 재산을 친구들에게 나눠 준 소광의 이야기는 아직까지도 전해지고 있다고 했다. 또, 중국 진나라 사람으로 항해와 무역으로 큰 부자가 되었던 석숭이 살던 별장에 드리웠던 비단 장막은 먼지가 되었지만, 송나라의 이름난 재상 범중엄의 아들이 배에 보리 500섬을 운반해 오다가 돈이 없어 아버지의 장례를 치르지 못하고 있던 친구에게 보리 500섬과 배까지 주고 왔던 일은 아직도 사람들 사이에서 회자되고 있다고 말했다. 그러면서 형체가 있는 것은 망가져 사라지지만, 형체가 없는 것은 망가지지도 없어지지도 않는다며, 스스로 재물을 쓰는 사람은 형체를 사용하는 것이고, 재물을 남에게 베푸는 사람은 정신으로 사용하는 것이기 때문에 그것이 사라지지 않는다고 전했다.

다산이 재산을 은밀하게 숨기는 가장 좋은 방법으로 남에게 베푸는 것을 꼽은 이유는 도둑에게 빼길 염려도 없고, 불에 탈 걱정도 없고, 소나 말로 운반하는 수고도 필요 없기 때문이다. 게다가 자기가 죽은 뒤에도 이 나눔이 회자되면서 천 년 동안 이름을 남길 수 있으니 이보다 더 재산을 잘 보존하는 방법이 어디 있겠는가? 다산은 재물이란 꽉 쥐려고 하면 할수록 미끄럽게 빠져나가는 미꾸라지 같은 것이라며, 많은 이들에게 나누라고 일렀다.

재물을 나누어 보관하라던 다산의 관점에서 보면, 해마다 수억 원에 이르는 금액을 들여 자선활동을 하는 빌 게이츠는 재산을 제대로 보관하는 사람일 것이다. 마이크로소프트사를 창업했던 빌 게이츠는 2008년 은퇴를 선언하고 '빌&멀린다 게이츠 재단'을 설립했다. 세계의 질병과 빈곤을 없애고, 교육의 기회를 제공하기 위해 설립한 재단이었다. 이미 오래전부터 질병과 빈곤 퇴치에 관심을 가졌던 빌 게이츠와 멀린다는 설사로 죽는 아이들이 오염된 식수에 노출되었다는 사실을 알게 됐다. 이들은 식수로 사용하는 물이 배설물로 오염되지 않도록 화장실 개선사업을 시작했다. 배설물에서 유해균을 제거하고 깨끗한 물과 비료를 만들 수 있는 방법을 공모한 것이다. 여기에 세계 각국의 발명가와 학자, 디자이너들이 참여했다. 이 공모전을 통해서 배설물을 에너지로 바꾸는 태양열 화장실과 배설물을 분해해 음용 가능한 물과 비료를 만드는 화장실 등이 개발됐다. 빌 게이츠는 1년에 150만 명의 아이들을 살릴 수 있는 화장실 개선을 위해 2,200억 원을 투자했다.

빌 게이츠의 '재산 나누어 보관하기'는 화장실 개선에 그치지 않는다. 그는 말라리아 퇴치를 위해 30억 파운드를 기부했으며, 에볼라 바이러스 감염국을 지원하기 위해 5,000만 달러를 사용했다. 또 온 세계를 팬데믹으로 몰아넣은 코로나의 백신을 개발하는 데 1억 달러를 기부해 화제를 모았다.

빌 게이츠는 자신의 재산만 나누어 담지 않았다. 워런 버핏과 함께 2010년 '더 기빙 플레지The Giving Pledge'라는 클럽을 만들어 더 많은 사람들이 재산을 함께 나눌 수 있도록 권유했다. 그들의 뜻에 동참한 세계의 부호들은 생전에 자기 재산의 절반 이상을 사회에 환원하고, 사후에는 90%를 기부하겠다고 약속했다. 더 나은 세상을 만들기 위해 그들이 기부를 약속한 금액은 5천억 달러가 넘는다.

그렇다면 내가 가진 것을 나누는 일은 부자들만의 전유물일까? 다산의 말에 따르면 그렇지 않다. 다산의 두 아들은 패가망신한 집안의 자손으로 넉넉하지 않았다. 임금이 하사한 책과 물건마저 모두 빼앗겨, 두 아들은 생계를 위해 마늘을 키우고 닭을 쳐야 했다. 이런 아들에게 재산을 나누라고 말한 것은 물질만이 아니라 마음이나 재능까지도 나를 필요로 하는 곳이 있다면 나누라는 뜻이었을 것이다. 다산은 이를 '은밀한 곳에 재산을 숨기는 것'이라고 했는데, 이것은 어느 시대에나 실천할 수 있는 나눔이다.

요즘 시대의 '은밀한 나눔'은 재능 기부가 아닐까 싶다. 목소리가 좋은 사람은 시각장애인들이 듣는 오디오 북 녹음에 참여하고, 그림 그리는 것을 좋아하는 사람은 오래된 동네의 담에 새로운 활력을 불어넣을 벽화를 그릴 수 있다. 다른 건 몰라도 튼튼한 체력을 가졌다면 '연탄 나눔'에 참여해 연탄 옮기는 일을 할 수 있고, 이야기 나누는 걸 좋아하는 사람은 혼자 사는 어르신들의 말동무가 되어 줄 수 있다. 시간을 내는 데 어려움이 있다면, 집 안에 쌓인 책이나 물건들을 살펴보고 내가 사용하지 않는 것들을 정리해 기부하는 것도 하나의 방법이다. 기부 물품을 받아 판매하고, 그 수익으로 어려운 이웃들을 돕는 곳이 있으니, 마음만 먹으면 누구나 재산을 나누어 담을 수 있는 것이다.

세계의 부자들이 아낌없이 재산을 나누는 이유는 자신으로 하여금 누군가의 삶이 조금 더 풍요롭게 된다는 기쁨 때문일 것이다. 우리가 재능을 나누는 것도 다른 사람의 삶을 풍요롭게 하는 일이다. 내가 녹음한 책을 듣고 누군가 다른 세상을 경험하게 되고, 내가 그린 그림으로 누군가의 외출 길이 밝아지며, 누군가의 이야기에 귀 기울이는 나의 행동이 '혼자'라는 고립감에 휩싸인 한 영혼을 구할 수 있을 것이다. 그리고 나의 나눔으로 인해 누군가가 세상을 변화시킬 수 있는 또 다른 노력을 하게 될지도 모른다. 이렇게 작은 나눔이 이어지면 세상이 조금 더 살기 좋은 모습으로 변할 것이고, 마음을 나누었던 우리 모두도 다산이 말한 부자의 반열에 오를 수 있지 않을까? 나의 재능 나눔이 '재능 착취'가 되지 않도록 내어놓을 수 있을 만큼 내어놓으며 재산을 나누어 담아 보자. 내가 재산을 나누어 담는 일은 누군가의 삶을 지속 가능하게 하는 일이며, 결국에는 인류의 생존을 지속 가능하게 하는 일이 될 것이다.

침묵하지 말 것

학연에게 보여 주는 가계

임금을 제대로 섬기는 방법이란 다음과 같으니, 임금에게 존경받는 자가 되어야지 임금에게 사랑받는 자가 되어서는 안 되고, 임금에게 신뢰받는 자가 되어야지 임금이 좋아하는 자가 되어서는 안 된다. 임금은, 아침저녁으로 가까이 모시는 자를 존경하지 않고, 사부詞賦로 재주를 펼쳐놓는 자를 존경하지 않으며, 글을 빠르게 쓰는 자를 존경하지 않고, 임금의 표정을 잘 살펴 비위 맞추는 자를 존경하지 않으며, 자주 관직을 버리고 가는 자를 존경하지 않고, 자기 태도 하나 장중하게 갖추지 못하는 자를 존경하지 않으며, 측근 신하의 세력에 도움을 받으려 하는 자를 존경하지 않는다.

아무리 연석筵席에서 주고받는 말이 온화하고 가장 주요한 대책을 시행하는 때에 비밀스레 부탁하며, 마음을 의지하고 보좌로 두고서 서찰이 이어지고 하사품이 잦아질지라도 그것들을 모두 임금의 총애라고 믿어서는 안 된다. 뭇사람이 분을 내고 시기하여 재앙이 닥칠 뿐만 아니라 되레 한 품계나 반 등급도 더 승진하지 못하는 것은 어째서이겠느냐? 이는 임금 역시 늘 혐의를 피하려 하기 때문이니, 애첩처럼 기르고 종처럼 부려 수고를 도맡아 하지만 제대로 등용되기는 쉽지 않다.

초야草野에서 벼슬길로 갓 진출한 선비가 가장 좋으니, 이때에는 임금이 어떤 분인지 알지 못하므로 논論이나 책策 등의 글만 충실하고 강직하며 절절하게 지어 올려도 괜찮다. 미사여구로 문장을 꾸미는 작은 기교는 비록 한 시대에 회자된다 하더라도 배우가 무대에 올라 연기하는 것과 같은 짓일 뿐이다.

미관말직에 있거든 온 정성을 다해 부지런히 일해야 할 것이고, 언관言官의 지위에 있거든 반드시 날마다 시정을 올바르게 바로잡는 의론을 올리되 위로는 임금의 잘못을 지적하고 아래로는 백성들의 고통을 진달해야 한다. 혹 사악한 관리를 공격하여 조정에서 내치는 경우에는 절대로 지극히 공정한 마음으로 해야 하니, 탐욕스럽고 야비하며 음탕하고 사치스러운 점에 대해서 문제를 제기해야지 편파적인 의리에 의거하여 자기와 같은 무리면 편들고 다른 무리면 배격해서 함정으로 몰아넣어서는 안 된다. 벼슬에서 해임되면 그날로 고향에 돌아가야 하고, 아무리 친한 벗이나 동지가 머물러 있으라고 간청해도 듣지 말아야 한다. 집에 있을 때에는 그저 독서하고 예를 익히며 꽃을 심고 채소를 가꾸고 샘물을 끌어다 연못을 만들기도 하고 돌을 쌓아 동산을 만들기도 하면서 지내면 된다. 그러다가 군이나 현의 수령으로 나가게 되거든 자

애롭고 선량하며 청렴결백하게 다스려 아전과 백성 모두가 편안하도록 힘쓰고, 나라가 큰 난리를 맞닥뜨리게 되거든 좋든 궂든 꺼리지 말고 죽음을 무릅쓰고 절의節義를 다할 뿐이다. 이와 같이 하면 임금이 어찌 존경하지 않을 수 있겠으며, 이미 존경한다면 어찌 신뢰하지 않을 수 있겠는가?

제나라 환공이 관중에 대해서, 한나라 소열제가 제갈공명에 대해서 보여줬던 관계의 모습[45]은 이와는 다른 경우이다. 저들의 경우는 그 오랜 시간 동안 고작 몇 사람일 뿐이니, 어찌 사람마다 그런 만남을 가질 수 있겠는가? 훈척勳戚 자제들의 경우는 안으로 한 몸처럼 결탁되어 있어 집안사람이나 부자지간처럼 길러져서 도망치려야 칠 수 없는 형편으로 가까이 모시면서 주선해야 하는 자들이니, 이는 진실로 신하로서는 불행한 만남이다. 그런데 그것을 바라느냐?

45 한나라 소열제(昭烈帝)는 유비(劉備)를 말한다. 제나라 환공(桓公)은 관중(管仲)에 대해서, 한나라 소열제는 제갈공명에 대해서 절대 신뢰를 보여줬다. 이간하는 말이 아무리 주변에서 들려와도 흔들리는 법이 없었다. 그래서 관중은 제환공을 춘추오패(春秋五霸) 중 한 사람으로 만들었으며, 제갈공명은 유비가 삼분천하의 한 축을 담당할 수 있게 해 주었다.

‘1일 1깡’의 바람이 분 적이 있다. 하루에 한 번씩 가수 비의 ‘깡’ 뮤직비디오를 본다는 뜻이다. 사실 이 현상은 그의 퍼포먼스를 조롱하는 데서 출발했다. 그러나 아이러니하게도 이 덕분에 하루에도 몇 번씩 뮤직비디오를 보는 사람이 생겼고, 급기야 ‘1일 N깡’이라는 말이 등장했다. 영상 아래는 칭찬인지 조롱인지 모를 많은 댓글이 달리며 ‘깡’바람을 불러일으켰다. 그러던 어느 날, 그동안의 댓글과 완전히 다른 성격을 가진 글이 하나 올라왔다. ‘시무20조’ 즉, ‘비가 하지 말아야 할 스무 가지’였다. 대중이 지적하는 요소를 조목조목 짚은 이 글은 비의 오랜 팬이 남긴 것이었다. 그는 자신의 영웅이 대중에게 웃음거리가 되는 것이 안타까워 직언을 남겼다고 한다.

다산도 벼슬하는 사람이 갖춰야 할 태도에 관해 쓴 편지에서 직언에 대해 언급한 적이 있다. 1810년, 다산은 두 아들에게 벼슬을 하며 임금을 섬기는 방법에 대해 전한다. 관아에서 나랏일을 맡아 하는 사람이 가져야 할 태도에 대한 조언이었다. 다산은 벼슬하는 사람이 임금의 존경을 받아야지, 임금의 사랑을 받으면 안 된다고 했다. 또 임금의 신뢰를 받아야지 임금이 좋아하는 사람이 되어서는 안 된다며 그것은 임금을 섬기는 것이 아니라고 말했다. 다산은 이런 사람 말고도 아침저녁으로 임금을 가까이에서 모시는 사람, 시나 글을 잘 지어서 재능을 보이는 사람, 글을 거침없이 쓰거나 임금의 안색을 살피며 비위를 맞추려고 하는 사람, 자주 관직을 버리고 가는 사람, 자기 태도를 장중하게 갖추지 못하는 사람, 권세 있는 사람에게 빌붙는 사람도 임금의 존경을 받지 못한다고 말했다. 그리고 덧붙였다. 임금이 온화하게 말을 건네고 어떤 일을 비밀스럽게 부탁하거나, 서찰을 건네며 하사품을 내려도 그것을 임금의 총애라고 생각해서는 안 된다고. 그런 일들로 뭇사람의 시샘을 받으면 재앙이 될 수 있으니 조심하라고 이른 것이다. 다산은 벼슬하는 사람이 임금과 개인적으로 친분을 쌓는 것을 경계했다. 공과 사를 구분하고 아첨하지 말라는 뜻이었다.

그는 미관말직에 있는 사람이 지녀야 할 자세에 대해도 언급했다. 아무리 낮은 직위의 벼슬에 있는 사람이라도 신중하고 부지런하고, 온 정성을 다해서 일을 해야 한다고. 더불어 바른말을 해야 하는 자리에서는 의로운 의견을 올려 임금의 잘못을 깨닫게 하고, 백성들의 고통을 알리는 것이 나랏일을 하는 사람이 해야 할 일이라고 일렀다. 다산은 벼슬에 있는 사람이 무엇보다 공정한 마음으로 자신의 직책을 행사해야 한다고 생각했다. 자기의 직책을 이용해 자신에게 유리한 말만 하고, 자기편을 만들어 다른 편을 공격해서 다른 이를 함정에 빠뜨리면 안 된다고 전한 것이다.

다산이 '바른말'에 대해 강조한 것은 자신에게도 이와 관련된 일화가 있었기 때문이다. 다산이 곡산의 사또로 행차할 때의 일이다. 길을 가던 다산 앞에 웬 사내 한 명이 나타나 넙죽 엎드렸다. 곁에 있던 포졸들이 그에게 호통치며 물러나라고 했지만, 그는 사또께 아뢸 말씀이 있다며 버텼다. 다산이 그에게 무슨 일이냐고 묻자, 옆에 있던 아전이 말하기를, 사내는 이계심이라는 자이고, 전임 사또 앞에서 난리를 일으키고 도망을 친 폭도라 하였다. 그러니 지금 당장 저자를 묶어 옥에 가둬야 한다는 것이다. 그러나 다산은 아전과 포졸을 물리고 이계심의 이야기를 들었다. 그는 품 안에서 종이 한 장을 꺼내 그동안 마을 사람들이 겪은 고초를 여기에 적었다며 울먹였다. 당황한 아전은 이계심을 당장 가둬야 한다고 했지만, 다산은 백성의 어려움을 전하려고 한 이계심을 칭찬하며 그를 붙잡지 말고 돌려보내라 했다.

다음날 아침, 다산은 아전을 불러 이계심 사건을 다시 조사하라 일렀다. 그가 적어온 일들을 소상히 밝히라는 뜻이었다. 이계심은 병역을 지지 않는 대신 내야 했던 군포 때문에 도망을 치는 신세였다. 전임 사또 시절에 아전들이 자신의 배를 채우기 위해 군포를 재는 자의 크기를 늘려 폭리를 취하자, 이계심이 사람들을 끌고 관아로 가서 소란을 피웠기 때문이다. 이 사실을 알게 된 다산은 자를 다시 제대로 만들도록 하는 한편, 이계심을 불러 칭찬했다. 제 한 몸의 안전을 위해 벼슬아치의 잘못을 봐도 눈 감는 사람이 많은데, 죽음을 두려워하지 않고 백성의 억울함을 항의한 이계심을 추켜세웠다. 다산은 이런 이의 말은 천 냥의 돈을 주고서라도 무슨 말을 하는지 들으려 해야 한다며 바른말을 하는 사람의 소중함에 대해 말했다.

다산에게 이계심은 정의로운 사람이었다. 그가 죽음을 무릅쓰고 바른말로 불의를 바르게 잡고자 했기 때문이다. 아마도 다산은 두 아들에게 '직언하라'는 편지를 쓰며 이계심을 떠올렸을 것이다. 새로운 사또의 행차를 막으며 백성의 억울함을 알아달라고 외쳤던 이계심을 생각하며, 두 아들도 어떤 상황에서든 올곧게 살아가길 바라지 않았을까?

누구나 평온한 삶을 원한다. 아무 일 없이 평탄하게 흘러가기를 바란다. 그래서 불의를 봐도 눈 감고, 누군가 '저기 악이 있다'고 외쳐도 귀를 틀어막는다. 나는 못 봤다고, 나는 못 들었다고. 그러나 세상은 눈을 크게 뜨고, 귀를 활짝 여는 사람들 덕분에 한 발씩 앞으로 나간다. 보고 듣고 소리치는 그들 덕분에. 내게 소리칠 용기가 없다면 그래서 내가 외치는 이가 될 수 없다면 그들의 외침에 귀를 기울이는 사람이 되는 건 어떨까? 세상을 사람 살 만한 곳으로 만들기 위해 주저하지 않고 외치는 그들이 외롭지 않도록, 그들의 외침이 공허하게 울리지 않도록 말이다. 그러다 보면 우리도 언젠가 '그래서는 안 된다'고, '그것은 당장 멈춰야 한다'고 말하는 사람이 될 수 있지 않을까?

위대한 유산을 준비해야 하는 이유

또 두 아들에게 보여 주는 가계

나는 전원을 너희에게 남겨줄 수 있을 만한 벼슬은 하지 않았다만 오직 두 글자의 정신적인 부적이 있어 그것이면 충분히 삶을 넉넉히 하고 가난을 구제할 수 있기에 이제 너희들에게 주니 너희는 그것을 하찮게 여기지 말거라. 한 글자는 '부지런할 근勤'자이고, 다른 한 글자는 '검소할 검儉'자이다. 이 두 글자는 좋은 전답이나 비옥한 토지보다도 나은 것이니 평생 써도 다 쓰지 못할 것이다.

자, 그럼 근이란 무엇일까? 오늘 할 일을 내일로 미루지 말며, 아침에 할 일을 저녁때까지 미루지 말며, 맑은 날 할 일을 비 오는 날까지 끄는 법이 없게 하고, 비 오는 날 할 일을 날이 갤 때까지 미루는 법이 없게 하는 것이다. 늙은이는 앉아서 감독하고, 어린이는 다니면서 어른들의 심부름을 하며, 장정은 힘쓰는 일을 맡고, 아픈 사람은 간수하는 일을 하며, 부인들은 밤 사경四更(새벽 1~3시)이 되기 전에는 잠자리에 들지 말아서 요컨대 집안의 한 사람도 놀고먹는 이가 없게 하고 한순간도 마냥 보내는 시간이 없게 하는 것, 이것을 근이라고 한다.

다음으로 검이란 무엇일까? 의복은 몸을 가리기 위한 것이다. 가는 베로 만든 옷이 해어지면 세상에 다시없이 처량해지지만 거친 베로 헐렁하게 만든 옷은 해어져도 나쁠 게 없다. 옷 한 벌 만들 때마다 이후에도 계속 입을 수 있을지 여부에 대해 꼭 생각해야 하니, 만약 그렇게 하지 못하면 가는 베로 만들었다가 해어져 못 입게 될 것이다. 이런 점까지 생각한다면 고운 옷감을 내려놓고 거친 옷감을 집어 들지 않을 사람이 없을 것이다.

음식이란 생명만 연장하면 그만이다. 아무리 맛있는 고기나 생선도 입안에 들어가면 곧 더러운 것이 되어 버려서 목구멍으로 넘기기도 전에 사람들은 더럽다고 침을 뱉는다. 사람이 세상에 살면서 귀하게 여기는 것은 진정성이니 조금도 속임이 없어야 한다. 하늘을 속이는 것이 가장 나쁘고, 임금을 속이고 어버이를 속이는 데서부터 농부가 농부를 속이고 상인이 상인을 속이는 데 이르기까지 모두 죄를 짓는 일이다. 다만 한 가지 속여도 좋은 것이 있으니 바로 자기 입이다. 변변찮은 음식으로 속여 잠시 잠깐 지나면 되니 이것은 괜찮은 방법이다. 금년 여름에 내가 다산茶山에 있을 때 상추로 쌈을 싸서 먹으니 누가 묻기를,

"쌈을 싸서 먹는 것과 절여서 먹는 것이 차이가 있습니까?"

하기에, 내가,

"이건 나의 입을 속이는 방법이라네."

라고 답해 주었다. 어떤 음식을 먹을 때마다 이런 생각을 가져야 한다. 고작 화장실을 위해 정력과 지혜를 다 쓸 필요가 없다. 이러한 생각은 눈앞의 궁한 처지에 대처하는 방편일 뿐만 아니라 비록 귀하고 부유함이 하늘을 찌르는 사군자가 집안을 다스리고 자신을 단속하는 방법이다. 근과 검 이 두 글자를 놔두고서는 어디서부터 어떻게 손을 댈 곳이 없을 것이니, 너희들은 반드시 가슴 깊이 새겨 두도록 하여라.

프랜시스 버넷이 쓴 《소공녀》라는 작품이 있다. 줄거리는 이렇다. 주인공 세라는 일류 학교라고 자부하는 '민친학교'에 다니는 소녀로, 사업하는 아버지 덕분에 학교에서 귀한 대접을 받는다. 그러다 갑작스런 사고로 아버지가 세상을 떠나자 학교의 하녀로 전락하고 만다. 청소와 빨래, 설거지 등 학교의 온갖 잡일을 도맡아 하며 힘겨운 삶을 살아간다. 그러던 어느 날, 아버지가 세라 앞으로 엄청난 유산을 남겼다는 것이 밝혀지고, 세라는 다시 행복하게 살아간다는 이야기다. 어릴 때 읽었던 이 책에서 '유산'의 힘을 처음 느꼈다. 유산이 한 사람의 인생을 송두리째 바꿔 놓을 수 있다는 걸 배웠기 때문이다. 그러나 재산이 없는 사람은 유산을 남길 수 없다는 생각에 마음이 어두워지기도 했다. 이 마음이 다시 밝아지게 되는 데 30년이 넘는 시간이 걸렸다. 유산으로 어두워진 내 마음을 밝혀준 건 다산의 편지였다. 다산이 두 아들에게 남긴 유산을 보며 재산이 없는 사람도 유산을 남길 수 있다는 사실을 깨달았기 때문이다.

다산은 강진에 있을 때 두 아들에게 유산으로 물려줄 것이 있다며 편지를 쓴다. 그는 자신이 땅을 물려줄 수 있는 벼슬이 없으니, 생활을 부유하게 하고 가난을 구제할 수 있는 신기한 두 글자를 남기겠다고 말했다. 그러나 짐짓 두 아들이 이것을 하찮게 여길까 싶어, 너무 야박하다고 생각하지 말고 마음에 새기라고 일렀다. 다산이 두 아들에게 준 두 글자는 '부지런함'과 '검소함'을 나타내는 '근검'이었다. 다산은 '근검'이 좋은 밭이나 기름진 땅보다 더 좋아서 평생을 써도 다 쓰지 못하니 죽는 날까지 이 글자를 마음에 새기고 살라고 일렀다.

다산에게 부지런함이란 할 일을 미루지 않는 것이었다. 오늘 할 일을 내일로 미루지 않고, 아침에 할 수 있는 일을 저녁으로 미루지 않고, 맑은 날에 해야 할 일을 미루다 비가 올 때까지 끌지 말고, 비 오는 날 해야 할 일은 날이 맑아지기 전에 끝내야 했다. 거기에 집안의 모든 사람이 허투루 시간을 보내지 않는 것도 포함됐다. 노인은 앉아서 감독하는 일을 하고, 어린 아이들은 이리저리 다니며 심부름을 하고, 젊은이들은 힘쓰는 일을 하고, 병든 사람은 지키는 일을 하고, 부인들은 새벽 1시에서 3시까지 소일거리를 하며 잠들지 않는 것이 '부지런함'이었다.

그는 이어 말한다. 검소함이란 오래 입을 수 있는 옷을 입고, 음식을 먹을 때 입을 속이는 것이라고. 다산은 옷이란 몸을 가리기만 하면 되는 것이니 가는 베를 쓸 필요가 없다고 말했다. 가는 베로 만든 옷은 조금만 해져도 볼품없는 옷이 되지만, 거친 베로 만든 옷은 해져도 많은 티가 나지 않으니 가는 베보다 거친 베로 옷을 만들어 입는 것이 좋다고 했다. 옷을 만들 때는 이 옷을 오래 입을 수 있을지 생각해서 만들어야지 예쁘고 곱게 만들어서 금방 못 입게 되면 검소한 것이 아니라고 일렀다.

음식에 대해서도 이어 말한다. 사람이 음식을 먹는 것은 목숨을 이어가는 데 있다고. 아무리 귀한 고기와 생선도 입속으로 들어가면 더러운 것이 되어 그걸 삼키기도 전에 사람들이 더럽다고 생각하니 비싼 음식을 먹을 필요가 없다고 말이다. 다산은 사람이 살면서 해서는 안 되는 일로 '속임수'를 꼽으면서 하늘이나 임금, 어버이나 동업자 등을 속이는 건 죄를 짓는 일이라고 했다. 그러나 단 한 가지 속일 수 있는 것이 있으니 그것이 바로 '입'이라고 말했다. 보잘것없는 음식을 먹을 때 입을 속여 맛있는 걸 먹는 것처럼 하면 된다는 것이다.

가난을 구제할 수 있는 것을 주겠다는 아버지의 말에 두 아들은 땅이나 집 같은 물질이라고 생각했을 것이다. 그래서 '부지런하고 검소하게 살라'는 뜻이 담긴 '근검'이라는 글자를 보고 실망을 했을지도 모르겠다. 그러나 다산이 '근검'이라는 글자를 통해서 두 아들에게 주려고 했던 유산은 '정신'이었다. 어떤 어려운 상황에서도 살아갈 힘을 발휘하고, 그 힘으로 삶을 영위하게 하는 '근검'이라는 정신. 다산은 언제 사약이 내려와도 이상하지 않을 유배인이었다. 다산에게 신유년 이후의 삶은 하루하루가 덤으로 주어진 날이었다.

그러나 다산은 단 하루도 허투루 살지 않았고, 두 아들 또한 삶을 허투루 살지 않기를 바랐다. 오늘의 하루와 내일의 하루를 '근검'하게 살면서 삶을 지켜 내길 바랐던 것이다. 그래서 부지런히 자신의 삶을 가꾸며 세상에 존재하라고 '근검'을 유산으로 남긴 게 아닐까?

그렇다면 우리는 어떤 유산을 남길 수 있을까? 유산이 꼭 물질이 아니어도 된다는 걸 다산이 알려 줬으니 내 삶을 살펴보고 유산으로 남길 수 있는 것을 찾아보자. 봉사 활동을 통해 도움의 손길을 보태고 있는 사람은 나눔의 정신을 유산으로 남길 수 있고, 책 읽는 걸 좋아하는 사람은 '독서하는 문화'를 전할 수 있다. 또 여행을 하며 넓은 시선을 키우고 있는 사람은 '여행'을 유산으로 남길 수 있지 않을까? 그러나 중요한 것은 유산으로 물려줄 무언가를 내가 가지고 있어야 한다는 것이다. 아무리 좋은 정신과 문화라고 할지라도 그것을 소유하고 있지 않으면 물려줄 수 없다. 다산 또한 자신이 성실하고 검소하게 살았기 때문에 근검을 유산으로 물려줄 수 있었다. 그러니 내가 가진 좋은 것이 무엇인지 생각해 보고, 물려줄 마땅한 것이 없다면 지금부터라도 소유하기 위해 노력해 보는 건 어떨까? 쓰고 나면 사라지는 재물이 아니라 쓰면 쓸수록 삶을 더 풍요롭게 살게 할 유산, '위대한 유산'을 찾아 물려주자.

어떤 죽음을 맞이할 것인가?

학연에게 보여 주는 가계

나는 지금 중풍이 심해 사지를 쓰지 못하고 있으니 증세를 냉정히 따져 보건대 오래 살 것 같지 않다. 다만 평소 건강 관리에 유의하면서 몸을 해치는 일이 없다면 어쩌면 조금 더 살 수도 있을 것이다. 그러나 세상일이란 미리 정해 놓는 것이 제일 좋으니 내가 이제 그 점을 말해 주겠다. 옛날의 예법에 전쟁터에서 죽은 사람은 조상의 무덤이 있는 선산에 들이지 않는다고 했으니,[46] 이는 제 몸을 삼가지 못했기 때문이다. 순자는 따로 죄인들에게 적용하는 상례**喪禮**를 두었으니, 모욕을 주어 경계하고자 한 것이다. 내가 여기에서 죽는다면 여기에 묻어야 하고, 나라

46 《주례》〈춘관종백 상(春官宗伯上) 총인(冢人)〉에 '전쟁에서 패하여 죽은 자는 묘지에 들이지 않는다.[凡死於兵者 不入兆域]'라는 내용이 나온다.

에서 죄명을 씻어 주거든 그때 비로소 반장[47]할 수 있다. 너희가 예의 뜻에 통달하지 못하여 나의 유언을 어기려 한다면 어찌 효라고 하겠느냐? 어쩌다 행여 은혜를 입어 뼈라도 선산에 돌아갈 수 있다면 그 죽음은 슬펐지만 그 반장은 영화로워서 이 나라의 사람들이 오히려 죽은 뒤에 은혜를 입었다는 것을 알게 될 것이니 또한 길 위에서 빛나지 않겠느냐? 마음을 가다듬고 조용히 생각해서 삼가 내 말에 정성을 다해 따르도록 하여라.

47 반장(返葬)은 객지에서 죽은 자를 고향에 옮겨 가 장사지내는 것을 말한다.

우리는 날마다 죽어 가고 있다. 인생은 언제 닥칠지 모르는, 그러나 언젠가는 닥칠 죽음을 향해 걷는 것일지도 모른다. 산다는 것은 죽음을 향해 전진하는 일인 것이다. 그러나 많은 사람이 죽음을 외면하고 산다. 마치 자신은 영원히 살 것처럼.

오랜 시간을 유배지에서 보냈던 다산은 늘 죽음을 생각했다. 언제 죽어도 이상할 것 없는 삶이라고 생각했기 때문이다. 그러다 신경통과 중풍으로 심한 통증이 찾아오자 두 아들에게 편지를 쓴다. 자신이 유배지에서 죽으면 어떻게 할지 당부하기 위해서였다. 다산은 아무래도 자신이 오래 살 수는 없을 것 같다고 고백한다. 건강에 신경 쓰며 무리하지 않으면 조금 더 살 수 있겠지만, 세상일이란 알 수 없으니 미리 정해 두는 것이 좋겠다며 당부할 내용을 적는다.

먼저, 만약에 자신이 유배지에서 죽는다면 유배가 풀릴 때까지 시신을 유배지에 두라고 이른다. 예부터 전쟁터에서 죽은 사람은 몸을 삼가지 못했기 때문에 선산에 묻지 않았으니, 자신의 시신도 죄명이 씻기고 난 후에 고향으로 옮기는 것이 마땅하다고. 이것이 '예'이니, 유언을 어기지 말고 꼭 지키라고 당부한다. 혹시라도 은혜를 입어 고향에 뼈를 묻을 수 있다면 자신의 죽음이야 슬픈 일이겠지만, 반장하는 것은 영화로운 일이 될 것이라고 말이다. 다산은 자신이 죽은 후에 죄명이 씻긴다면 오히려 더 영광스러운 일이 될 테니 마땅히 조용히 생각하여 따르라고 당부한다.

다산의 이 당부는 지켜지지 않았다. 다산이 유배지에서 죽지 않았기 때문이다. 다산은 이 편지를 쓰고 26년을 더 살았다. 그런데 흥미로운 것은 다산이 해배되어 고향으로 돌아온 후에도 늘 죽음을 준비했다는 것이다. 특히 환갑이 되던 1822년에는 무덤 속에 넣는 묘지명을 직접 썼다. 묘지명은 망자의 일대기를 적는 것으로 묘의 주인이 누구이며 어떤 삶을 살아왔는지 알려주는 것이다. 대개 세상을 떠난 이의 가족이 망자와 가까운 관계에 있던 사람들에게 부탁해 썼으나 다산은 자신이 직접 썼다. 그것도 두 가지 버전으로. 다산의 묘지명은 일대기를 소상하게 적은 '집중본集中本'과 간략하게 적은 '광중본壙中本'이 있다. 집중본은 문집에 싣기 위해서, 광중본은 무덤에 넣기 위해서 썼다고 전해진다. 매 순간 순간, 죽음을 준비했던 다산은 묘지명과 함께 장례 절차에 관한 편지도 남긴다. 자신이 원하는 장례식의 모습을 손수 남긴 것이다.

미국에도 다산처럼 언젠가 찾아올 죽음을 준비하자고 외치는 사람이 있다. 요리사 겸 자유 기고가인 마이클 헵이다. 그는 저녁식사를 하며 죽음에 대해 이야기하는 모임을 이끄는 단체인 '데스 오버

디너Death Over Dinner'를 운영하고 있는데, 이 모임에 참석하는 사람들은 식탁에 맛있는 음식을 차려 놓고 함께 나눠 먹으며 세상을 떠난 고인을 추억하고 내가 바라는 죽음의 모습에 대해 이야기를 나눈다. 임종을 맞이할 때 내 곁에 누가 있었으면 좋겠는지, 나는 어디에서 생의 마지막을 마감하고 싶은지, 내 장례식의 모습은 어떠하길 바라는지 미리 생각해 보는 시간을 갖는다. 누군가는 자신이 죽어갈 때 자녀들이 꼭 함께 있기를 바라고, 누군가는 병원이 아닌 자신이 살던 집에서 생을 마감하길 바라고, 누군가는 내 장례식에서 친구들이 신나는 노래를 불러 주기를 바란다. 그러나 나에게 이런 바람이 있다는 것을 아는 사람은 나뿐이다. 내가 직접 말하거나 기록으로 남기지 않으면 결코 이뤄질 수 없는 일인 것이다.

한 번도 죽어본 경험이 없는 사람이 자신의 죽음에 대해서 이야기 하기란 쉬운 일이 아니다. 우리는 어제도 살았고, 오늘도 살아있기 때문에 내일도 살아가리라 생각한다. 그러나 뉴질랜드에는 자신의 장례식을 상상하며 자기가 들어가 누울 관을 직접 짜는 사람들이 있다. 이들은 '관 짜기 클럽'의 회원들로, 목수 출신 회원의 도움을 받아 자신과 함께 묻힐 관을 만든다. 완성된 관은 장례식장에 맡겨 두거나 집으로 가져가 책장이나 포도주 저장 공간으로 활용한다. 언제 올지 모르지만 언젠가는 다가올 죽음을 가까이 두고, 죽음을 미지의 공포가 아닌 언젠가 통과해야 할 삶의 과정으로 만든다.

그런가 하면, 아프리카 가나에서는 장례식이 비통해야 한다는 선입견을 깨는 일이 벌어지고 있다. 관을 어깨에 메고 춤을 추는 사람들이 있기 때문이다. 네티즌 사이에서 '관짝소년단'으로 유명한 이들은 망자가 누워 있는 관을 어깨에 메고 춤을 춘다. 이는 망자가 현세의 고통에서 벗어났음을 축하하는 의미로, 장례식 분위기를 축제와 같이 만드는 데 큰 역할을 한다. 장례식은 엄숙해야 한다는 일반적인 생각이 깨지는 순간이다.

자, 그럼 이쯤에서 한 번 상상해 보자! 죽음을 맞이한 나의 장례식이 어떤 모습이면 좋을까? 나는 어떤 모양의 관 속에 누워 있을까? 살면서 나를 가장 잘 표현한다고 생각했던 물건 모양의 관은 어떨까? 만약에 '관짝소년단'이 내 관을 어깨에 지고 춤을 춘다면 어떤 음악을 BGM으로 선곡할까? 내친김에 그 이후에 벌어질 일들에 대해서도 생각해보자. 내 시신은 어디로 가야 할까? 땅속에 매장될까? 화장터로 가서 납골당에 보관될까? 몇 년 전까지만 해도 우리의 시신이 갈 수 있는 곳은 땅이나 납골함뿐이었다. 그러나 최첨단 시대에 살고 있는 우리는 죽은 뒤 우주로 날아가 별과 함께 지내거나, 다이아몬드가 되어 사랑하는 가족의 몸에 머물 수 있다. 아니면 '인간 퇴비'가 되어 정말로 한 줌의 흙으로 되돌아가거나!

아이러니하게도 우리가 삶의 마지막을 준비하는 이유는 '잘 죽기 위해서'가 아니라 '잘 살기 위해서'다. 어떻게 죽어야 하는지를 고민하다 보면, 어떤 삶을 살아야 하는지 알게 되기 때문이다. 우리는 후회로 점철된 삶이 아니라, 기쁨으로 충만한 삶이 되기를 원한다. 그래서 죽음을 준비하고 이야기한다. 죽음을 이야기하는 것은 삶을 이야기하는 것이기 때문이다. 우리 앞에 얼마의 시간이 남아 있는지 아는 사람은 단 한 명도 없다. 그러나 언젠가 우리는 삶을 마감하게 될 것이고, 그때까지 삶을 누릴 자격은 충분하다. 그러니 내게 허락된 시간을 즐기며 언젠가 닥칠 죽음도 조금씩 준비해 보자. 살면서 죽음을 준비하는 태도는 삶을 더 풍요롭게 만드는 나만의 비법이 될 것이다.

3
부

행동, 세상을 바꾸는 날갯짓

존재의 의미를 발견하는 법

학유가 떠날 때 노자 삼아 준 가계

옛날 선왕들은 사람을 쓰는 데 지혜가 있었다. 소경은 음악을 살피게 하였고, 절름발이는 대궐문을 지키게 하였으며, 환관들은 궁중에 출입하게 하였고, 척추 장애인·불치병이 있는 자·몸이 불편한 자들과 같은 무리들까지도 각각 적당한 일을 하게 하였으니, 이것은 깊이 생각해 봐야 할 최고의 주제이다. 집안에서 돌보고 있는 남자 종 한 명에 대해 너희 형제는 늘 말하기를,

"힘이 약해서 주어진 일을 제대로 수행하지 못한다."

라고 한다. 그러나 이는 너희들이 그에게 난쟁이에게 산을 뽑아 오라는 것과 같은 종류의 일을 맡기려 하기 때문에 그의 힘이 약한 것을 문제 삼는 것이다.

집안을 다스리는 법은, 위로 바깥주인과 안주인에서 남녀·장유·형

제·동서와 같은 온갖 관계의 사람들에 이르기까지, 그리고 아래로 노비들의 아이들에 이르기까지, 다섯 살 이상만 되면 각각에게 맡아서 할 일을 나누어 주고 한순간도 손 놓고 노는 일이 없게 하는 것이다. 그렇게 하면 가난하고 곤궁해지는 것을 걱정하지 않을 수 있다.

내가 장기에 있었을 때 주인 성成 아무개에게는 어린 손녀가 있었는데, 고작 다섯 살이었지만 뜰에 앉아 솔개를 쫓게 하였고, 일곱 살짜리에게는 손에 막대를 들고 참새 떼를 쫓게 하였으며, 나머지 그 집 솥의 밥을 먹는 사람이면 모두가 책임지고 맡는 일이 있게 하였다. 이는 본받을 만한 일이다.

할아버지는 칡으로 새끼를 꼬아 줄을 만들고, 할머니는 실 바구니를 들고 꾸리를 감으면서 이웃집에 가더라도 일손을 놓지 않는 집이 있다면, 이런 집은 반드시 여분의 식량이 있어 가난을 근심하지 않게 된다.

팀플레이가 빛나는 순간이 있다. 환상의 세트 플레이로 상대방의 골대에 공을 완벽하게 넣었을 때나 팀으로 진행되는 게임에서 승리를 거머쥘 때! 이럴 때 우리는 큰 희열을 느낀다. 완벽한 팀플레이는 혼자서 무언가를 해냈을 때보다 더 큰 성취감을 준다. 나도 어딘가에 쓸모가 있다는 '존재감'을 느낄 수 있기 때문이다. 다산은 사람에게 '존재감'이 얼마나 중요한지 알았다. 그래서 아들 학유에게 '집안에 있는 모든 사람에게 일을 맡기라'는 편지를 썼다.

1810년, 다산은 두 아들에게 편지를 써 용기를 가지고 국량局量을 넓히라 이르는데, 편지 말미에 가족 구성원 모두에게 각자 할 수 있는 일을 맡기라고 덧붙였다. 그러면서 선왕에 대한 이야기를 전한다. 어진 임금이었던 선왕은 지혜가 있어서 사람을 등용할 때 그 사람에게 맞는 일을 맡겼다고. 장님에게는 음악을 연주하게 했고, 절름발이에게는 대궐 문을 지키게 하였으며, 환관에게는 궁을 출입할 수 있게 하였고, 장애를 가지고 있거나 허약한 사람에게도 그에 맞는 일을 맡겼다고 말이다. 편지를 이어 쓰며 다산은 언젠가 아들이 불평했던 일을 떠올렸다. 집안에 사내종이 있지만 힘이 약해서 일을 감당하지 못한다는 불평이었다. 다산은 힘없는 이에게 힘쓰는 일을 시키는 것은 난쟁이에게 산을 뽑아내라는 것과 같다며, 그 사람이 할 수 있는 일을 연구해서 일을 맡겨야 한다고 조언했다.

또, 다산은 집안을 잘 다스리려면 바깥주인과 안주인을 비롯해 남자와 여자, 어른과 아이, 형제와 동서는 물론 노비의 자식까지 다섯 살 이상은 각자에게 할 일을 나누어 주어야 한다고 했다. 다산이 장기에 유배되어 있을 때, 자신이 머물던 집에서는 다섯 살 아이에게는 뜰에 앉아 소리를 질러 솔개를 쫓게 했고, 일곱 살 아이에게는 막대기로 참새를 쫓게 했다고 말했다. 이것은 모두가 본받을 만한 일이니 기억하라며, 집에 있는 늙은 할아버지는 칡으로 새끼를 꼬아 줄을 만들고, 할머니는 실 바구니를 들고 실타래라도 감아야 언제나 먹을 것이 풍성해 가난을 걱정하지 않는다고 했다. 젊든 늙었든 각자에게 맞는 일은 반드시 있고, 그 일을 함께 나누어서 할 때 집안이 풍성해진다는 뜻이었다.

다산은 처지가 다른 모든 사람에게 맞춤형으로 일을 맡기는 것이 가난의 걱정을 덜어내는 방법이라고 했지만, 어쩌면 그것은 한 사람의 삶을 풍요롭게 하는 가장 쉬운 방법이었는지도 모른다. 내 존재를 인정받으며 어딘가 기여할 수 있다는 자신감은 한 사람의 마음을 충만하게 하기 때문이다. 앞을 볼 수 없는 장님이라고 무시당하고 천대받는 것이 아니라 악기를 연주하고, 절름발이라고 비웃음 당하는 게 아니라 문 앞에 서서 드나드는 사람들을 살피고, 다섯 살

아이라고 손 놓고 있는 게 아니라 마당에 있는 닭과 병아리를 노리며 기웃거리는 솔개를 쫓아내고, 늙었다고 뒷방에 앉아 한숨만 쉬는 것이 아니라 새끼를 꼬아 노끈을 만드는 것은 '내 존재에 의미를 부여하는 일'이었을 테니까 말이다. 어쩌면 누구에게든 일을 시키라고 한 다산의 말 뒤에는 세상에 존재하는 모든 이에게 존재의 의미를 부여하라는 뜻이 숨어 있었는지도 모른다.

한 사람에게 역할을 주면 그 사람뿐만 아니라 그가 속한 조직에도 큰 변화가 생긴다. 영화 〈인턴〉을 보자. 은퇴한 70세 할아버지 벤 위티커는 자신이 사회 구성원이라는 걸 느끼기 위해서 매일 아침 카페에 가서 신문을 읽는다. 그러던 어느 날, 유명한 패션 회사에서 시니어 인턴을 뽑는다는 사실을 알게 되고, 회사에 지원한다. 벤은 젊은 면접관에게 '10년 후 모습에 대해 설명하라'는 다소 황당한 질문을 받지만, 당당하게 인턴 사원에 합격한다. 3명의 동료와 함께 부서 발령을 받은 벤은 회사 대표 줄스의 개인 비서가 된다. 그러나 줄스는 노인 비서를 부담스러워하고, 그에게 어떤 일도 맡기지 않는다. 줄스는 벤이 일을 기다리고 있다는 것도 모른 채 자기 일에만 열중한다. 그러나 벤은 포기하지 않는다. 오랜 사회생활을 하면서 터득한 방법으로 자신의 일을 찾아서 하기 시작한다. 우편물을 배달하는 직원을 도와주고, 관계가 틀어진 직원들에게 조언을 해 주고, 대표의 정신없는 책상도 정리한다. 사실 그런 일은 회사 중역으로 퇴임한 그가 하기에는 보잘것없는 일이었다. 그러나 벤은 '인턴'

으로서 자신이 지금 여기에서 할 수 있는 일을 찾아서 하기 시작했고, 결국 대표의 가장 좋은 파트너가 되어 회사의 완벽한 구성원이 된다.

한물간 '퇴물' 취급을 받던 벤이 당당히 구성원이 되는 과정을 보며 위로를 받은 것은, 우리 모두 언젠가는 벤이 된다는 사실 때문이었다. 나이를 먹어 노인이 되는 것은 당연한 일이지만, 이제 우리는 끝없이 발전하고 있는 인공지능에 밀려 나이가 들기도 전에 퇴물 취급을 받을지도 모른다. 글로벌 컨설팅 기업인 맥킨지글로벌연구소가 2017년에 발표한 보고서에 따르면 2030년까지 약 8억 개의 일자리가 사라질 전망이라고 한다. 일을 하면서 자신의 존재감을 찾았던 사람들에게는 우울한 소식이 아닐 수 없다. 이러한 이유로 이제 우리는 사람 사이에서만 역할을 나누고 존재감을 부여할 것이 아니라, 로봇을 비롯한 인공지능과 공존하면서 그 안에서 존재의 의미를 찾아야 한다. 학자들은 로봇과 인공지능을 사람의 역할을 대체하는 존재가 아니라 사람과 함께 협업하는 존재로 인식해야 한다고 말한다. 빠르게 일을 처리하며, 반복되는 일도 한 치의 오차 없이 정확하게 처리하고, 방대한 데이터를 통해 예측하는 일은 로봇에게 맡기고, 가치를 판단하고 감정을 다루고 공감하는 일은 사람의 역할로 규정지어야 한다고 말이다.

인간과 로봇이 공존하는 시대에 내가 할 수 있는 역할은 무엇일까? 어떻게 하면 인간이 할 수 있는 일 중에서도 내가 할 수 있는 일을 찾아낼 수 있을까? 이제는 이런 고민을 시작해야 할 때다. 똑똑한 로봇이 다 알아서 하는 세상이라고 손 놓는 순간 우리는 사회에서 '격리'될 것이며, 존재감마저 잃게 될 것이다. 그러니 사람과 사람 사이에서, 인공지능과 사람 사이에서 소외되지 않도록 나를 잘 살펴보자. 그리고 한 사람 한 사람을 잘 살펴 그에게 맞는 역할을 찾아 맡기자. 모른다고, 더디다고, 부족하다고 밀어낼 것이 아니라 그럼에도 불구하고 그가 할 수 있는 일을 찾아 함께 팀플레이를 하는 것! 그것이 진정한 '함께'의 정신이 아닐까? '환상의 팀플레이'를 펼치는 법은 다름이 차별이 되지 않도록 차이를 인정하는 것에서 시작될 테니까 말이다.

누구나 자신의 답을 가지고 있다

연아에게 답함

보내 준 편지는 자세히 보았다. 세상에는 두 가지 큰 저울이 있는데 하나는 '옳고 그름'이라는 저울이고, 다른 하나는 '이익과 손해'라는 저울이다. 이 두 가지 큰 저울에서 네 종류의 큰 등급이 생겨나는데, 옳은 것을 지키면서 이익을 획득하는 것이 가장 높은 등급이고, 그다음은 옳은 것을 지키다가 해를 입게 되는 것이며, 그다음은 그른 것을 좇아서 이익을 획득하는 것이고, 가장 낮은 등급은 그른 것을 좇다가 해를 입는 것이다. 이번에 너는 나에게 필천에게 편지를 보내 항복을 빌라 하고, 또 강가와 이가에게 꼬리를 흔들며 동정을 구하라고 하니,[48] 이는 세 번째 등급을 구하고자 하는 것이나 끝내는 네 번째 등급으로 떨어지고 말 것이니, 내가 무엇 때문에 그런 짓을 하겠느냐.

장령掌令 조장한趙章漢의 일은 나에게 불행한 일이다. 하루 사이에 나에 대해 논핵하여 아뢰던 것을 정지하고 그에 대해 논핵하는 계사啓辭를 올리기 시작하였으니, 【장령 조장한은 갑술년(1814년, 순조 14년) 봄에 사헌부에 나아가 이기경이 나에 대해 논핵하여 아뢰던 것을 정지시키고, 같은 날에 이기경이 권유權裕를 몰래 비호한 죄를 논핵하는 계사를 올리기 시작하였다.】 그의 노여움을 어찌 면할 수 있겠느냐. 그러나 이미 이렇게 되었으니, 또한 순히 받아들일 뿐이다. 동정을 구한다 한들 장래에 무슨 유익이 있겠느냐. 강가가 작년에 상소를 하나 올렸는데, 이는 강가에게 있어 이미 쏘아 버린 화살이다. 이제부터 죽는 날까지 강가는 오직 끊임없이 나를 욕하기만 할 뿐이니, 이제 와 그에게 동정을 구한다 한들 어찌 그가 다른 사람을 향해 나를 성토하는 일을 늦추면서 과오를 뉘우치는 태도를 보이겠느냐. 강가가 이미 이와 같고 이가 또한 마찬가지이니, 이가가 강가와 의견을 달리해서 나에 대한 성토를 늦추어 줄 리 절대 없다. 그러니 동정을 구한다 한들 장차 무슨 유익이 있겠느냐. 강가와 이가가 다시 뜻을 얻어 요직에 있게 되면 반드시 나를 죽이고야 말 것이다. 그들이 나를 죽이는 것도 어찌할 길이 없고 그저 순히 받아들일 수밖에 없는데, 더구나 관문關文을 보내는 것을 저지하는 소소한 일로 쉬이 절개를 잃어서야 되겠느냐. 그러나 나는 절개

48 필천(筆泉)은 다산의 장인인 홍화보(洪和輔)의 당질로 다산에게는 사촌 처남이 되는 홍의호(洪義浩)의 호이고, 강가(姜哥)는 강준흠(姜浚欽), 이가(李哥)는 이기경(李基慶)을 가리킨다. 이들은 모두 다산과 깊은 친분이 있었으나 나중에 되레 그를 모함하고 괴롭게 하는 자들이 되었다.

를 지키는 사람이 아니요, 다만 세 번째 등급을 얻을 수 없음을 알기 때문에 네 번째 등급은 면하려고 하는 것일 뿐이다. 내가 그들에게 동정을 구한다면 세 사람은 모여서 나에 대해,

"저 사람은 참으로 간사한 사람이니, 불쌍한 말로 우리를 속였다가 서울로 올라온 뒤에 월왕 구천句踐이 기필코 오나라를 멸망시킨 것처럼 우리에게 보복하려는 것이다. 아, 소름끼치는구나!"

라고 하면서 비웃을 것이다. 이에 겉으로는 빈말로 나에 대한 무함을 푼 것처럼 보이면서, 안 보이는 곳에서는 학대하고 업신여기며 서둘러 돌을 던지기를 맹금류처럼 사납게 할 것이다. 이렇게 되면 내가 네 번째 등급으로 떨어지는 것이 아니겠느냐. 나는 꼭두각시가 아닌데 너는 왜 나를 네 마음대로 춤추게 하려 하는 것이냐.

필천은 나와 본래 아주 조금의 원한도 없었으나 갑인년(1794년, 정조 18년) 이후로 까닭도 없이 나에게 허물을 돌렸다. 그러나 을묘년(1795년, 정조 19년) 봄에 원태[49]가 그의 왜곡된 의심을 알아보고 분명하게 깨우쳐 주자 종전의 승강이들이 모두 물 흐르듯 구름 걷히듯 사라졌다. 신유년(1801년, 순조 1년) 이래로 한 글자라도 서로 주고받아야 한다면 저가 먼저 보내야겠느냐, 아니면 내가 먼저 보내야겠느냐. 저는 내게 소식 묻는 글자 하나도 없으면서 도리어 내가 편지하지 않는다고 허물하니, 이는 위세를 부리면서 나를 하찮게 보아서 그런 것이다. 너는

49 원태(元台)는 영의정을 일컫는 말로 상태(上台)라고도 한다. 당시 영의정은 홍낙성(洪樂性)이었다.

누가 먼저 편지를 보내야 하는지에 대해 대담하게 한마디라도 해서 조금이나마 밝히지는 못할망정 머리를 숙이고서 그가 시키는 대로 하고 있으니 너 역시 부귀영화에 현혹되어 부형을 천시하고 업신여기고 있는 것이다. 어찌 슬프지 않겠느냐. 저가 나를 모욕해도 괜찮은 폐족으로 여겨 먼저 편지를 보내오지 않고 있는데, 내가 머리를 쳐들고 뻔뻔한 얼굴로 먼저 동정을 구하는 서찰을 쓴다면, 세상에 어찌 이런 일이 있을 수 있겠느냐.

내가 돌아가느냐 돌아가지 못하느냐 여부는 물론 큰일이다. 그러나 죽고 사는 것에 비한다면 작은 일이다. 사람이란 존재는 때로 생선을 놔두고 곰 발바닥을 선택해야 할 때가 있는데,[50] 하물며 돌아가느냐 돌아가지 못하느냐와 같이 작은 일에 대해 쉬이 사람을 향해 꼬리를 흔들면서 동정을 구한다면 만일 나라의 국경에 변란이 일어났을 때 임금을 배신하고 적에게 투항하지 않는 자가 몇이나 되겠느냐. 내가 살아서 고향으로 돌아가는 것도 천명이고, 내가 살아서 고향에 돌아가지 못하는 것도 천명이다. 그러나 사람으로서 해야 할 도리를 제대로 하지 않고서 그저 천명만 기다리는 것은 진정 옳은 이치가 아니다. 나는 사람으로서 해야 할 도리를 이미 다하였다. 사람으로서 해야 할 도리를 이미 다하

50 《맹자》 〈고자상(告子上)〉 편의, "생선도 내가 바라는 것이고, 곰 발바닥[熊掌]도 내가 바라는 것이지만, 이 둘을 다 가질 수 없다면 생선을 버리고 곰 발바닥을 취하리라. 삶도 내가 바라는 것이고 의도 내가 바라는 것이지만 이 둘을 다 가질 수 없다면 삶을 버리고 의를 취하겠다."라는 대목을 인용한 것이다.

였으나 결국 돌아가지 못한다면 이 역시 천명일 뿐이다. 강씨의 아들이 어찌 나를 돌아가지 못하게 할 수 있겠느냐.[51] 마음을 놓고 염려하지 말고 천천히 세월을 기다리는 것이 합당한 도리이니 다시는 그런 말을 하지 말거라.

51 《맹자》〈양혜왕하(梁惠王下)〉의 문체를 인용한 것이다. 노나라 평공(平公)이 맹자를 만나려고 하였으나, 폐신(嬖臣)인 장창(臧倉)이 맹자를 비난하며 만나지 못하게 하였다. 악정자(樂正子)가 이 사실을 맹자에게 고하자, 맹자는 "행하는 것도 누가 시켜서 행하는 수가 있고, 그만두는 것도 누가 저지하여 그만두는 경우가 있지만, 행하고 그만두게 하는 것은 사람의 힘으로 할 수 있는 것이 아니다. 내가 노나라 군주를 만나지 못한 것은 하늘의 뜻이 있어서이니, 장씨의 자식이 어떻게 나로 하여금 만나지 못하게 하겠는가." 라고 하였다.

'남의 잔치에 감 놓아라 배 놓아라 한다'는 속담이 있다. 자신의 일도 아닌데 참견하는 '오지라퍼'의 행동을 꼬집는 속담이다. 다산도 1816년 5월 3일에 아들 학연의 오지랖을 꾸짖는 편지를 썼다. 그가 왜 아들에게 역정을 내는 편지를 썼는지 사연을 먼저 살펴보자.

1801년 강진으로 이배된 이래, 다산은 10년째 유배 생활을 하고 있었다. 학연은 아버지가 오랜 세월 고향으로 돌아오지 못하는 것을 안쓰러워했다. 아버지 다산이 쉰을 바라보고 있는 노인이었기 때문이다. 언제까지 이렇게 기약 없는 날들을 보낼 수 없어 학연은 격쟁擊錚을 하기로 마음먹는다. 1810년 9월, 학연은 궐 밖으로 나서는 임금의 행차를 가로막으며 바라哱囉를 두드렸다. 아버지의 억울한 유배를 풀어 달라고 외치고 싶었기 때문이다. 그러나 학연은 임금을 만나지도 못하고 의금부로 끌려가고 만다. 사사로운 일로 임금의 행차를 막았다는 죄목이었다. 학연은 의금부에서 문초를 당하며 아버지의 억울함을 호소했다. 의금부에서는 학연의 문초 기록을 임금에게 올리며 이 일을 아뢰었다. 사정을 들은 임금은 정약용이 반역을 했다는 진상이 없는데도, 죄인으로 취급하고 목숨을 살려주는 감사減死에 이르렀다는 것은 형법에 어긋난다며 그를 특별히 향리로 추방하라고 명한다. 유배를 풀어 주는 대신, 도성 안으로 들어오지 못하게 하라는 명령이었다. 소식을 전해 들은 학연은 뛸 듯이 기뻐했다. 그러나 정약용을 눈엣가시처럼 생각했던 사람들은 임금에게 명을 거두어 달라고 청하고 또 청한다. 그래도 임금이 생각을 바꾸지 않자, 사헌부와 사간원의 핑계를 대며 명령을 이행하지 않는다. 사헌부와 사간원이 논의 중인 일이라 명령을 이행하기가 어렵다는 것이었다. 그렇게 정약용의 해배는 '논의 중'이라는 딱지를 붙인 채 한 발짝도 앞으로 나가지 못하고 4년 동안 지체된다.

마침내 1814년 4월, 사헌부의 조장한이 죄인의 명단에서 정약용의 이름을 삭제한다. 4년 전에 임금이 하명한 일이 비로소 이행된 것이다. 그러나 정약용의 부활을 막으려 하는 사람들은 가만있지 않았다. 정약용은 그대로 강진에 내버려 두고, 이치에 맞지 않는 일을 한 조장한을 유배 보내야 한다며 상소를 올렸다. 임금은 눈 하나 깜짝하지 않았지만, 문제는 의금부였다. 사헌부에서 정약용을 죄인 명단에서 삭제하면, 의금부에서 유배를 풀어 준다는 명령서를 보내야 하는데, 하루가 지나고 이틀이 지나고 한 달이 지나도 의금부에서는 명령서를 보내지 않았다.

2년이 지나도록 정약용의 귀향 명령서가 내려오지 않자, 큰아들 학연은 다산에게 편지를 보낸다. 해배를 막고 있는 사람들에게 다산이 직접 설득 편지를 보내 보라는 내용이었다. 이 편지를 받은 다산은 학연에게 하늘 아래에 있는 두 가지 기준에 대해서 말한다. 세상에는 옳고 그름과 이롭고 해로움에 관한 두 가지 기준이 있는데, 이것을 다시 네 단계의 등급으로 나눌 수 있다고. 가장 높은 단계는 옳음을 지키면서 이익을 얻는 것이고, 그다음은 옳음을 지키고 해를 입는 경우이며, 그 아래는 그릇된 것을 좇아 이익을 얻는 것이고, 가장 낮은 단계는 그릇된 것을 좇아 해를 보는 경우라고 이른다. 자신이 강준흠이나 이기경처럼 자신의 목숨 줄을 끊어놓지 못해 아쉬워하는 사람에게 읍소하는 것은 그릇된 것을 좇아 이익을 얻는 것이며, 이는 결국 가장 마지막 단계인 그릇된 것을 좇아 해를 보는 경우가 될 것이라며 거절한다.

다산은 귀양이 풀려 고향으로 되돌아가는 것이 큰일이기는 하지만, 죽고 사는 것에 비하면 사소한 일이라고 생각했다. 살아서 고향 땅을 밟는 것도 운명이고, 고향 땅을 밟지 못하는 것도 운명이라고 받아들였다. 그러면서 자신은 꼭두각시가 아니며, 그들의 장단에 춤출 수 없다고 확고하게 밝힌다. 다산은 자신의 절개를 꺾으면서까지 그들에게 머리를 조아리고 읍소하고 싶지 않았다. 그래서 학연에게 자신이 그들에게 편지를 보내 도움을 요청하는 일은 없을 테니 앞으로 이 일에 대해서는 언급하지 말라고 단단히 이른다.

학연은 늙어가는 아버지가 안쓰러워 하루라도 빨리 집으로 돌아오기를 바랐지만, 정작 당사자인 다산은 그것보다 자신의 가치를 지키는 것이 더 중요했다. 자신이 죽기를 바라는 사람들에게 머리를 조아리고 구차하게 살고 싶지 않았던 것이다. 학연이 아버지에게 읍소라도 해보라 권한 것은 '아버지를 위한 배려'였으나, 다산에게는 다산이 지닌 가치를 버리라는 '강요'였다.

우리도 때때로 조언과 충고라는 미명 아래 이런 폭력을 휘두른다. '당신을 생각해서 하는 말'이라며 나의 생각을 강요하는 것이다. 그렇다면 조언과 강요는 어떻게 다를까? 조언은 누군가에게 도움을 주려는 행동이고, 강요는 내 생각대로 그가 움직이도록 하는 것이다. 그런데 여기서 중요한 것은 '상대방이 나에게 도움을 청했는가?'를 따져 보는 일이다. 아무리 좋은 이야기라도 나에게 도움을 청하지 않은 사람에게 하는 말은 '강요'가 될 뿐이다. 상대방이 원할 때 해주면 조언이지만, 내가 원할 때 하는 말은 강요가 된다는 뜻이다. 조언을 하는 사람은 그걸 들은 사람이 따라주면 좋고 아니어도 어쩔 수 없다고 생각한다. 선택의 자유가 상대방에게 있다는 것을 인정하기 때문이다. 그러나 조언을 가장한 강요를 하는 사람은 상대방이 자신의 말대로 따르지 않으면 화를 낸다. 상대방의 뜻보다 내 뜻이 더 중요하기 때문이다.

아버지에게 '나서지 말라'는 편지를 받은 학연의 마음은 어땠을까? 어쩌면 학연은 서운했을 것이다. 당신을 생각해서 한 일인데, 칭찬은 못 들을망정 외려 혼이 났으니 임금 앞에 나가 바라를 두드리고, 의금부에 잡혀가 문초를 당한 일이 억울했을 것이다. 그러나 그는 사는 것과 죽는 것까지도 운명으로 받아들이고, 자신만의 철학을 가지고 살아간 아버지의 뜻을 존중했다. 더 이상 다산에게 자신의 생각을 강요하지 않은 것이다. 다산은 2년 후인 1818년에 해배되어 고향으로 되돌아갔다. 해배 후 여러 사람이 그의 등용을 거론했지만, 다산의 부활을 막으려던 자들의 반대로 죽는 날까지 벼슬에 오를 수 없었다. 그런 상황을 지켜보며 학연도 깨닫지 않았을까? 다산에게는 다산이 가진 삶의 정답이 있다는 것을.

사람은 누구나 자신만의 답을 가지고 있다. 나는 내가 가진 답대로 살고, 다른 이는 그 사람이 가진 답대로 살아간다. 그래서 내가 가진 정답을 그에게 강요하는 것은 그 사람이 지닌 삶의 가치를 무너뜨리는 폭력이 될 수 있다. 그러니 어떤 선택지 앞에서 신중하게 고민하고 있는 사람에게 '이것이 더 낫지 않아?'라고 선택을 해주거나, 인생의 큰 그림을 그리며 천천히 가고 있는 사람에게 '지금은 더 열심히 달려야 할 때!'라고 다그치지 말자. 그 사람을 정말로 위하는 길은 그가 자신만의 답대로 살아갈 수 있게 응원하는 것일 테니까.

날마다 부지런하게

황상에게 주는 글

내가 산석[52]에게 문학과 역사를 공부하라고 권하였더니, 산석이 머뭇머뭇 부끄러워하면서 못하겠다고 말했다.

"저한테는 세 가지 문제가 있습니다. 둔한 데다가 꽉 막혔고 생각이 짜임새가 없습니다."

이에 내가 이렇게 말해주었다.

"배우는 사람에게는 세 가지 커다란 문제점이 있지. 그런데 너에겐 이런 것들이 없구나. 첫째, 빨리 외우는 능력이 있는 사람들은 대충대

52 산석(山石)은 황상(黃裳)의 어릴 적 이름이다. 황상은 다산이 전라도 강진에 유배 가서 만나 성장시킨 제자로, 그는 다산이 가르쳐준 방법대로 끝까지 공부하며 스승을 곁을 지킨 제자로 유명하다. 저서로는 《치원유고(巵園遺稿)》가 전해진다.

충 익히는 문제가 있다. 둘째, 글을 아주 날카롭게 잘 짓는 능력이 있는 사람들은 내용이 얕고 가볍다는 문제가 있지. 셋째, 이해력이 아주 뛰어난 사람들은 깊게 파고들지 않아 아는 것이 아주 거칠다는 문제가 있고. 끝이 둔한데 뚫어내면 그 구멍이 넓고, 막혔다가 터지면 그 흐름이 성대하며, 잘 들어맞지 않아 어근버근한 것을 갈아 내면 그 빛이 윤택하다. 그렇다면 뚫는 것은 어떻게 해야 할까? 부지런히 해야 한다. 터뜨리는 것은 어떻게 해야 할까? 부지런히 해야 한다. 가는 것은 어떻게 해야 할까? 부지런히 해야 한다. 부지런한 것은 어떻게 해야 할까? 마음을 확고하게 다잡아야 한다."

아침을 이용해 삶의 기적을 만들자는 '미라클 모닝'이 유행이다. 허투루 쓰는 시간을 줄이고, 그 시간에 규칙적으로 생산적인 일을 해서 좋은 결실을 맺자는 운동이다. '미라클 모닝'을 시작한 사람들은 아침잠의 유혹을 떨치고 일어나 나름의 의식을 거행한다. 운동을 하거나, 책을 읽거나, 글을 쓰거나, 아이디어를 정리하거나 지금까지 하지 않았던 일에 도전한다. 매일 규칙적으로 그 일을 반복하며 새로운 삶을 만들어 간다. 반복이 습관이 되면 삶이 변화된다는 것을 믿는 것이다. 다산도 반복과 습관의 힘을 알고 있었다. 그래서 공부하기를 꺼려 하는 제자 황상에게 멈추지 말고 반복하라는 편지를 썼다.

황상은 다산이 가장 사랑했던 제자였다. 다산이 유배되어 강진의 주막에 머물 때 가장 먼저 만난 제자였고, 다산이 세상을 떠났을 때 그를 배웅한 마지막 제자이기도 했다. 다산이 죽은 후에도 다산의 아들과 교류했을 만큼 다산을 마음으로 모신 제자였다. 황상의 산문집인 《치원소고巵園小藁》에 따르면 황상이 다산을 만난 것은 1802년 가을이었다. 황상은 다산이 머물고 있는 주막 앞에서 친구 몇 명과 공놀이를 하고 있었다. 다산은 사람을 시켜 그들을 불러오게 했으나, 황상은 가지 않았다. 평소에 부끄러움을 많이 타는 성격 때문이었다. 다산은 세 번이나 되풀이해서 그를 불렀고, 황상은 그제야 다산 앞에 가서 절을 올렸다. 다산은 그를 비롯한 여러 명의 아이에게 어디서 글을 배우고 있는지 물은 다음, 황상만을 남겨 이곳에서 자신의 심부름을 할 수 있겠느냐고 물었다. 황상은 바로 대답하지 않았다. '부모님이 계시니 부모님께서 시키는 대로 따르겠다'고 하고 물러나왔다. 집으로 돌아간 황상은 아버지께 이 사실을 아뢰었고, 그의 아버지는 '가서 뜻을 따르라'고 일렀다. 이렇게 해서 황상은 다산의 제자가 되었다. 다산은 자신에게 가르침을 받기로 결심한 황상에게 공부를 권하는 글을 하나 지어주었다. '산석에게 준다'는 표제가 붙은 글이었다. 글의 내용을 풀어 살펴보면 이렇다.

다산이 황상에게 공부를 권하자 그는 머뭇머뭇 부끄러워하며 사양한다. 자기에게는 세 가지 문제가 있다는 것이다. 둔하고, 꽉 막혔고, 생각의 짜임새가 없어서 공부를 할 수 없다는 말이었다. 그러자 다산은 배우는 사람이 가지고 있는 세 가지 큰 문제점에 대해서 말한다. 빨리 외우는 능력이 있는 사람은 대충대충 익히고, 글을 날카롭게 짓는 사람은 내용이 얕고 가벼우며, 이해력이 뛰어난 사람은 깊게 파고들지 않아 거칠기 쉽다고. 그러나 황상은 그런 문제를 하나도 갖고 있지 않으니 공부할 수 있다고 격려한다. 그러면서 끝이 둔한데 뚫어내면 그 구멍이 넓고, 막혔다가 터지면 봇물이 터지는 것처럼 성대한 흐름을 가지게 되며, 잘 들어맞지 않아 어근버근

한 것을 연마하면 그 빛이 반짝인다고 말한다. 그리고 어떻게 하면 이런 사람이 될 수 있는지 알려 준다. 다산은 황상에게 뚫고 싶으면 부지런하고, 터뜨리고 싶으면 부지런하고, 연마하고 싶으면 부지런하라고 이른다. 부지런하고 부지런하고 부지런하게 공부하면 된다는 것이다. 그러나 부지런하게 공부하는 것이 어디 쉬운 일인가? 어떻게 하면 부지런할 수 있는지 궁금해할 제자를 위해 다산은 다음과 같은 문장으로 글을 마친다. 부지런하고 싶으면 '마음을 확고하게 다잡으라'고. 다산에게 공부는 마음이 하는 것이었다. 아무리 자리를 잡고 앉아 공부를 하려고 해도 마음이 단단하게 그 자리를 지키지 않으면 소용이 없다고 믿었다. 그래서 부지런하고 싶으면 먼저 마음을 확고하게 다잡으라고 일렀던 것이다.

문제는 마음이 아무리 확고해도, 몸이 그 마음을 몰라 준다는 것이다. 날마다 '부지런하리라' 마음먹어도 몸이 움직여 주지 않으면 소용이 없다. 그래서 몸을 움직이게 하는 습관을 만들어야 한다. 매일 같은 방법으로 같은 행동을 하면 우리의 뇌는 그것을 '습관'으로 인식하고, 행동에 영향을 미치게 한다. 그 시간이 되면 무의식적으로 그 행동을 하게 만드는 것이다.

99U의 편집장인 조슬린 K. 글라이는 이런 행동을 '루틴'이라고 말하고, 창조자들의 일과를 조사해 그들만의 비법을 밝힌 메이슨 커리는 '리추얼'이라고 말한다. 사전을 찾아보면 '루틴'은 '규칙적으

로 하는 일의 통상적인 순서와 방법'이며, '리추얼'은 '항상 규칙적으로 행하는 의식과 같은 일'이다. 사전에서 풀어낸 문장이 어떻든 루틴과 리추얼은 어제 했던 일을 오늘도 하고, 내일도 하는 '반복적인 습관'을 뜻한다.

루틴에 따라 하루를 살아가는 소설가로 가장 유명한 사람은 무라카미 하루키다. 《노르웨이 숲》, 《1Q84》 등을 저술한 하루키는 새벽 4시에 일어나 책상 앞에 앉아 글을 쓴다. 그때부터 5~6시간 동안 꼼짝하지 않고 집필에만 몰두하고, 오후에는 운동을 한다. 10km를 달리거나, 1.5km를 수영하며 체력을 관리한다. 그런 다음 집으로 돌아와 책을 읽거나 음악을 듣고, 밤 9시에 취침한다. 그는 이런 반복을 '최면'으로 생각하는데, 이를 통해 더 깊은 정신세계로 빠져들 수 있다고 믿기 때문이다.

지금 내가 가지고 있는 루틴 혹은 리추얼은 무엇인가? 내게 하루 동안 혹은 일주일 동안 지키는 습관이 있는가? 《습관의 힘》을 쓴 찰스 두히그는 '습관은 우리에게 주어진 축복이기도 하지만, 그에 못지않게 저주이기도 하다'고 말한다. 어떤 습관을 갖고 살아가느냐에 따라 우리의 삶이 빛날 수도 있고 어두워질 수도 있다고 말이다. 자신이 원하는 목표를 이루기 위해서는 '좋은 습관'을 가져야 한다. 그리고 그 습관대로 열심히 달려야 한다. 다산이 황상에게 '부지런하라'고 했던 것은 게으름 피우지 말고 꾸준하게 하라는 뜻이었지만, 내게는 '부지Run'하라는 뜻으로 읽혔다. 알지 못하고, 가지고 있지 못하고, 넘어져도 포기하지 않고 계속해서 달리면 원하는 것을 이룰 수 있다고 말이다.

200년 전에 살았던 다산은 알고 있었다. '부지런'이 루틴이고 리추얼이라는 것을. 그러니 어제 하던 일을 오늘도 하고, 오늘 하던 일을 내일도 하면서 나만의 루틴을 만들라고 한 게 아닐까? 자, 무언가를 이루고 싶다면 이제 나만의 루틴을 만들어 보자. 아침 시간을 활용해 삶의 기적을 만드는 '미라클 모닝'이든, 밤 시간을 이용해 삶을 바꾸는 '미라클 나이트'든 계속해서 부지런할 수 있는 일에 도전하자. 알지 못한다는 두려움, 갖지 못했다는 박탈감, 쓰러져 넘어졌다는 좌절감을 무릅쓰고 계속하는 동안 흔들리는 마음이 확고하게 자리를 잡고 내 삶을 성공의 길로 안내할 것이다.

아닌 것은 아니라고 말하는 당당함

판서 권엄에게 올리는 글

지난번에 앞뒤를 헤아리지 못하고 경솔하게 행동해서 선배 어른들께 걱정을 끼쳐, 밤낮으로 두려워하며 어떻게 해결해야 할지를 알지 못하고 있었습니다. 그런데, 오늘 삼가 내려 주신 편지를 받아 보니 시원스레 깨우쳐 주셔서 마음속에 아주 조금의 불안도 다시 있지 않게 되었습니다. 진실로 넓은 아량과 관대함이 아니라면 어찌 이렇게까지 너그럽게 용서하실 수 있겠습니까? 저는 너무도 감격스럽고 기뻐서 어찌할 줄을 모르겠습니다. 다만 지난번의 일에 대해서는 본심을 아직 한 번도 말씀드리지 못하였는데, 이것이 끝내 마음에 맺혀 감히 제 속마음을 곡진히 아뢰니, 부디 잘 살펴 주시고 내치지 말아 주시기를 바랍니다.

새로 문과에 급제한 사람에게 얼굴에 먹물을 칠하는 장난은 그 유래가 오래된 것입니다. 고려 말에 높은 벼슬아치의 자제가 어린 나이에 과거에 급제하면 붉은 분가루를 얼굴에 칠하였는데, 오래되면서 장난으로 변하더니 급기야 먹물로 바뀐 것이니, 나쁜 풍속입니다. 그러나 얼굴에 먹칠을 하고 진퇴하는 것은 제 마음대로 안 할 수 없기 때문에 저도 그러려니 하고 받아들였습니다. 하지만 하늘을 쳐다보며 크게 웃는 것이나 한 발로 껑충거리며 게를 줍거나 부엉이의 울음소리를 내는 것이라면, 이는 제가 직접 해야 하는 것이니, 시키는 대로 하려고 애써 보았으나 어쩐지 천성이 졸렬하여 움츠러들어 소리가 목구멍에서 나오지 않고 발이 땅에서 떨어지지 않는 것을 어찌하겠습니까? 진실로 제 안에는 공경하고 삼가는 마음을 지니고 있으나 우스꽝스러운 모습을 밖으로 드러내 보일 수가 없었을 뿐입니다. 제가 이 점에 있어 어찌 조금이라도 게을리하고 불공스러운 뜻을 지녔겠습니까? 이것이 저의 명백한 본심입니다만 진노가 풀리지 않으신 와중이라 감히 아뢰지 못했었는데, 이제는 풀리셨기에 이렇게 삼가 듣기 번거로우실 말씀을 드립니다. 송구하기 그지없습니다.

오래전 TV에서 흥미로운 광고를 본 적이 있다. 화면 가득 정장을 차려입은 사람들이 모두 정면을 바라보고 있고, 그들 한가운데 있던 한 사람만 뒤돌아 서 있는 광고였다. 무슨 내용일까 궁금해 지켜보니, 거기 모인 모두가 "예!"라고 하면서 손으로 OK 모양을 만들 때, 혼자 뒤돌아 있던 사람이 "아니오."라고 대답하면서 검지손가락을 좌우로 흔드는 것이 아닌가? 그 뒤, 이런 광고 카피가 흘러나왔다. "모두가 예라고 할 때 아니라고 할 수 있는 친구, 그 친구가 좋다. YES도 NO도 소신 있게."

이 광고는 모든 사람이 뒤돌아 서 있고, 단 한 사람만이 앞을 보면서 모두가 '아니오'라고 할 때 혼자서 '예'라고 하는 광고와 세트로 붙어 다녔다. 모두가 '예'라고 하든 '아니오'라고 하든 자신의 생각이 그들과 다르다면 용기 있게 반대 의견을 말할 수 있어야 한다는 내용이었다. 의미는 참 좋지만, 이게 누구나 할 수 있는 일은 아니라고 생각했다. 모두가 '예'라고 말할 때 혼자서 '아니오'라고 말했던 다산이라면 모를까.

1789년 과거에 급제한 다산은 벼슬길에 올랐다. 그러나 급제의 기쁨도 잠시, 혹독하기로 소문난 '신고식'을 치러야 했다. '면신례免新禮'로 불리는 이 신고식은 '신참을 면하는 예식'이라는 뜻으로, 고려 말에 작성된 기록이 남아있을 정도로 오래된 것이었다. 원래는 실력이 아닌 부모 덕으로 벼슬길에 오른 이들의 기를 꺾으려는 의도로 시작되었으나, 시간이 흐르면서 급제하는 모든 이들의 통과의례가 되어버렸다. 한때 대학 새내기들이 치러야 했던 '신고식'처럼 말이다.

일단 급제를 한 사람은 선배들을 불러 모아 연회를 베풀었다. 그들의 입맛에 맞는 음식을 한 상 차려놓고 잔치를 베풀어야 했던 것이다. 그리고 10여 일 동안 선배들의 비위를 맞춰야 했다. 그들이 내 몸에 진흙을 바르고, 얼굴에 먹물을 칠해도 화를 낼 수 없었다. 시꺼먼 재를 손에 바르고 깨끗한 물에 씻은 후 그 물을 마시게 해도 거부하지 않고 들이켜야 했다. 맷집을 시험한다며 두들겨 패도 참고 있어야 했다. 그러다 죽어 나가는 사람이 생겼다. 선조 때 이이가 면신례의 부당함에 대해 건의하고 없앨 것을 주장하여 조정에서도 금지령을 내렸지만, 면신례는 사라지지 않았다. 여러 가지 폐단에도 불구하고 면신례는 훗날의 삶을 순탄하게 살아가느냐 멸시받고 사느냐를 가르는 중요한 의례로 자리 잡았다. 이런 면신례를 다산이 치러야 했던 것이다.

급제한 다산은 선배들 앞에 나가 서 있었다. 선배들은 다산의 얼굴에 먹물을 칠하고 몸을 앞으로 당겼다가 뒤로 밀었다. 다산은 인형처럼 가만히 서서 그들이 하는 대로 두었다. 이 정도는 이해할 수 있었다. 그러나 하늘을 보고 크게 웃으라 하고, 한 발로 껑충 뛰면서 게를 줍는 흉내를 내고, 부엉이 울음소리를 내라는 지시는 따를 수가 없었다. 천성이 옹졸한 탓에 위축되어 목에서 소리가 나지 않았고, 발이 땅에서 떨어지지 않았기 때문이다.

면신례를 거부한 다산 때문에 한바탕 소란이 일어났다는 것은 그가 병조판서였던 권엄에게 보낸 편지에 드러난다. 다산은 지난번에 자신의 경솔한 행동으로 선배들과 어른들께 걱정을 끼쳐 드렸다며, 이 일로 자신도 몸 둘 바를 몰랐다고 말한다. 오랜 시간 전해져 관례가 되어 버린 일을 혼자서 거부했으니 처신을 어떻게 해야 할지 몰라 두려웠을 것이다. 때마침 이때 도착한 권 판서의 편지는 다산을 안심시켰다. 그래서 다산은 판서께서 보낸 편지를 읽고 불안했던 마음이 사라졌으니, 베풀어 주신 큰 용서와 관용에 감사하다고 인사를 전한다. 그러나 그날 있었던 일에 관해 자신의 마음을 제대로 전하지 못해 억울함이 있다며, 부디 자신의 이야기를 들어 달라고 당부한다. 잘못은 잘못이고 하고 싶은 말은 해야겠다는 각오였다. 다산은 마음을 단단히 먹은 듯 면신례에 부당함에 대해 지적한다. 고려 말엽에 귀족 자제들의 기를 꺾기 위해 시작된 면신례가 변질되어 나쁜 풍속이 되었다고 말이다. 그리고 자신이 당한 일들을 자세하게 적으며 난잡하고 우스꽝스러운 모습을 겉으로 보일 수 없어 그들의 뜻에 따를 수 없었다고 말한다. 자신이 면신례를 거부한 것은 선배들을 공경하는 마음이 없어서가 아니라 자신의 성격이 옹졸한 탓이니 자신의 본심을 알아달라고 청한 것이다.

면신례의 잘못된 관례에 대해 지적하면서도 자신의 옹졸한 성격 탓으로 돌리는 다산을 보며 그게 뭐 당당한 태도냐고 물을지도 모르겠다. 그러나 대놓고 '아니오'를 하든, 은근슬쩍 '아니오'의 마음을 내비치든 다산이나 되니까 모두가 '예'라고 하며 분위기에 휩쓸려 갈 때 혼자서 '아니오'라고 할 수 있지, 타인을 의식하며 전전긍긍하는 나 같은 사람에게는 이게 쉬운 일이 아니다. 마음이 아무리 '아니오'라고 말해도 입보다 먼저 온몸이 '예'라고 외친다. 그만큼 남의 눈치를 보고 산다는 뜻이다.

영국왕립학회 수석 연구원이었던 마이클 본드는 그의 저서 《타인의 영향력》에서 다른 사람의 영향을 받아 행동하는 상황을 '집단에 이끌리는 동조 현상'이라고 말한다. 아무리 위험한 상황이 생겨도 다수의 사람이 무반응을 보이면 그들에게 동조되어 독자적으로 행동할 수 없다는 의미다. 동조고 뭐고 나라면 그 자리를 박차고 나왔을 거라고 장담할 사람들이 있을지도 모르겠다. 그러나 심리학자들은 누구도 그 상황에 직접 들어가 보지 않고 판단하는 것은 금물이라고 지적한다. 다른 사람의 행동이 바보 같아 보여도 나 또한 그 상황이 되면 바보 같은 행동을 하게 될 수 있다고 말이다.

그렇다면 '집단'은 몇 명을 뜻하는 걸까? 미국의 심리학자 필립 짐바르도는 세 명이 모이면 그때부터 '집단의 개념이 생긴다'고 말한다. 세 명이 모여서 어떤 행동을 할 때 집단이 되어 거대해진다는 뜻이다. 그러나 흥미로운 것은 세 명이 발휘하는 집단의 힘이 나쁜 상황을 좋은 상황으로 전환시키는 힘도 가지고 있다는 것이다. 2005년 천호역에서 일어났던 그 일처럼.

EBS 다큐프라임에서는 상황을 바꾸는 세 사람의 힘을 설명하며 지하철역에서 사람을 구한 일화를 소개했다. 2005년 10월 천호역, 열차가 플랫폼에 도착하는 순간 한 승객이 열차와 승강장 틈에 빠졌다. 사고를 목격한 사람이 그를 잡아 끌었지만, 역부족이었다. 그때 누군가 열차를 밀자고 제안했고, 두 세 명이 열차를 밀기 시작했다. 그러자 열차에서 내리던 사람들도 모두 힘을 합쳐 열차를 밀어, 열차와 승강장 틈 사이에 빠진 사람을 구한 것이다. 한 사람, 두 사람, 세 사람의 움직임이 집단이 되어 생명을 살린 것이다. 이렇듯 세 사람만 움직이면 위급한 상황에 있는 사람도 살릴 수 있다.

여기서 우리가 기억해야 할 것은 세 명이라는 집단도 '한 사람'에게서 시작된다는 것이다. 누군가 먼저 시작하는 사람이 있어야 세 명이라는 집단이 생기고, 상황을 바꿀 수 있는 힘이 생긴다. 만약에 면신례에서 다산을 포함한 세 사람이 '이것은 나쁜 관례'라고 외쳤다면 어땠을까? 아마도 다산이 권 판서에게 편지를 쓰는 일은 없었을 것이다. 어쩌면 다산과 그의 친구들은 면신례를 끝낸 사람들로 역사에 기록되었을지도 모른다. 그러나 그날 면신례를 거부한 사람은 다산 혼자였고, 그래서 다산은 선배와 어른들에게 걱정을 끼친 사람이 되고 말았다.

누구나 혼자 다른 생각을 했다는 이유로 집단에서 배척당하는 상황을 피하고 싶어 한다. 그러나 상황을 바꾸는 힘이 그 한 사람에게서 시작된다. 모두가 '예'라고 할 때, '아니오'라고 말하는 사람에게서. 그러니 기억하자. '아닌 것은 아니'라고 말하는 나의 당당함이 한 집단을 바꾸고 세상을 바꾸는 '첫걸음'이 된다는 것을.

거짓말의 위험성

또 두 아들에게 보여 주는 가계

육자정[53]은 말하기를,

"우주 안의 일이 바로 자기 자신의 일이요, 자기 자신의 일이 바로 우주 안의 일이다."

라고 하였다. 대장부는 하루라도 이런 생각이 없어서는 안 되니, 우리의 본분을 스스로 가벼이 여겨서는 안 된다.

사대부의 마음은 비 갠 뒤의 맑은 바람과 밝은 달처럼 고결하고 시원

53 육자정(陸子靜)은 중국 송나라의 학자인 육구연(陸九淵)으로, 자정은 그의 자(字)이다. 육구연 역시 성리학자이기는 하지만 같은 성리학자인 주희가 성즉리(性卽理)를 말했던 것과 달리 심즉리(心卽理)를 말하여 양명학에 크게 영향을 끼쳤다. 주희와 철학 논쟁인 주륙논쟁(朱陸論爭)을 한 것으로 유명하다.

스러워서 털끝만큼도 말라 죽은 곳이 없어야 하니, 하늘에 부끄럽고 사람에게 부끄러운 일을 아예 범하지 않으면 자연히 마음이 관대해지고 몸가짐이 당당해져서 호연지기가 있게 된다. 만일 포목布木 몇 자, 동전 몇 닢 때문에 잠깐이라도 양심을 저버리는 일이 있으면 곧 호연지기가 굶주려 움츠러들게 되니 이는 정신이 죽느냐 사느냐의 중요한 갈림길인 것이다. 그러니 너희들은 절대 주의하도록 하거라.

거듭 당부하는 것은 말을 삼가라는 것이다. 전체가 모두 완전하더라도 구멍 하나만 새면 이는 깨진 옹기일 뿐이요, 백 마디가 모두 신뢰할 만하더라도 거짓말 한 마디면 이는 더 이상 사람 말로 받아들여지지 않으니 너희들은 절대 주의하도록 하거라. 허풍 떠는 자에 대해서는 사람들이 신뢰하지 않는 법이 없으니 가난하고 천한 사람일수록 더욱 말을 아껴야 한다.

우리 집안은 선대로부터 붕당에 관계하지 않았고, 더구나 어려움을 겪게 되고부터는 옛 친구들에 의해 연못에 떠밀려 들어가 돌을 맞는 괴로움을 당하였으니, 너희들은 내 말을 가슴에 새겨 사사로이 당을 짓고 그에 소속되려는 마음을 깨끗이 씻어 버려야 한다.

소설가 김영하는 거짓말을 '스토리텔링'이라고 했다. 아이가 거짓말을 시작하면 아이의 스토리텔링이 시작된 것이라고. 하나의 거짓을 진짜처럼 꾸미기 위해서 또 다른 이야기를 꾸며야 하고 계속해서 이야기를 만들어야 하니 거짓말이 스토리텔링이 된다는 것이다. 거짓말이 어떤 이야기를 만들 때나 사용되는 것이라면 얼마나 좋을까. 불행하게도 거짓말은 이야기에만 사용되지 않는다. 사람과 사람 사이에 사용되어 '믿음'이 있던 자리에 '배신'을 들여놓기도 하고, 한 사람의 영혼을 파괴하기도 한다. 무엇보다 무서운 것은 거짓말이 누군가의 생을 파멸시키는 병기가 된다는 것이다.

쉽지 않은 시대에 살았던 다산도 거짓말의 위험성을 알고 있었다. 그래서 두 아들에게 자주 편지를 보내 거짓말이야말로 '가장 악하고 큰 죄'라며 '거짓말을 하지 말라'고 당부했다. 마음을 다스리고 공부를 함에 있어서 가장 먼저 해야 할 것이 거짓말을 하지 않는 것이라며, 첫 길목을 잘 들어서야 공부로 가는 다음 길을 잘 걸을 수 있다고 일렀다. 다산에게 공부란 '사람이 되는 것'이었고, 사람이 되기 위해 지켜야 할 첫 계명 같은 것이 거짓말을 하지 않는 것이었다.

그는 아들에게 보낸 또 다른 편지에 집안 사람들의 거짓말에 관한 이야기를 쓴다. 일가친척 중에 흠이 있는 사람은 더러 있었지만, 거짓을 말하는 사람을 본 적은 없다고 고백한다. 집안사람 중에 명망 있는 사람들도 있었으나 그들이 거짓말을 했다가 들통났다는 이야기를 들은 적이 없다며 은근히 자랑스러워한다. 그러면서 다산은 높은 벼슬에 있는 사람들의 말도 하나하나 따져 보면 열 마디 중에서 일곱 마디가 거짓이라며 유독 서울에 살았던 사람들이 거짓말을 잘한다고 꼬집었다. 아마도 궁을 드나들며 권력을 유지하기 위해 혹은 권력자에게 아첨하기 위해 거짓을 꾸며대는 사람들을 많이 봤기 때문일 것이다. 다산은 서울에 살았던 두 아들이 이런 습관에 물들지 않았는지 염려했다. 그래서 편지를 쓰더라도 거짓이 한 자도 있으면 안 되고, 말을 할 때도 거짓을 한 마디도 내뱉지 말라고 했다. 조상들의 모범을 본받을 수 있는 방법은 날마다 거짓을 말하지 않았는지 돌아보며 사는 것이라며 거짓말하는 나쁜 습관에 물들었다면 힘써 고치라고 타이르기도 했다.

아버지 다산은 떨어져 있는 두 아들에게 거짓말을 하지 말라고 당부하는 편지를 여러 번 보냈지만, 성에 차지 않았는지 두 아들에게 주는 가계에 쐐기를 박는 편지를 또 쓴다. 호연지기, 즉 '세상에 꺼릴 것이 없는 크고 넓은 도덕적 용기'를 키우려면 하늘이나 사람에게 부끄러움이 없어야 한다는 것이다. 이런 부끄러움이 없으면 저절로 마음이 관대해지고 몸가짐이 당당해져 호연지기가 자동으로 나온다고 말이다. 다산은 두 아들에게 사소한 것에 양심을 저버려 기상이 움츠러들고 정신이 죽는 일이 없어야 한다며 각별히 주의하라고 이른다. 그러면서 항아리에 구멍 하나만 있어도 깨진 항아리 취급을 받듯이 아무리 완벽해 보이는 사람이라도 거짓말 한마디에 이상한 사람으로 낙인찍힐 수 있으니 항상 말조심할 것을 거듭 당부했다.

다산에게 거짓말은 '스토리텔링'이 아니었다. 그것은 가장 악하고 큰 죄였으며, 사람이 '사람'이 되는 것을 막는 최악의 저지선이었다. 그랬기에 다산은 두 아들이 거짓말을 삼가고 사람처럼 살기를 원했다. 그래야 두 아들이 망한 집안의 자손일지라도 다른 이들에게 '사람'으로 존중받으며 살 수 있으리라 믿었기 때문일 것이다.

누군가를 속고 속이는 거짓말은 언제부터 시작됐을까? 거짓말의 기원을 찾는 일은 요원하지만, 거짓말이 인류의 역사와 발걸음을 함께했다는 것을 부정하기는 힘들다. 동서양을 막론하고 어떤 시대에도 거짓말이 주목받지 못한 시대는 없었기 때문이다. 《조선왕조실록》에 '거짓'이라는 단어를 검색하면 5,000건이 넘는 문서가 검색되며, 유럽에서는 내로라하는 학자들이 거짓말에 대해 연구했다. 기원전 5세기에 살았던 플라톤은 국가의 통치자가 국민들의 이익을 위해서 하는 거짓말은 용인된다고 주장했으며, 그의 제자인 아리스토텔레스는 거짓말을 하는 사람은 정직할 것을 포기하고 '거짓말하기를 선택'하는 사람이라고 생각했다. 방탕한 생활을 하다가 회심해 《고백록》을 쓴 아우구스티누스는 선의의 거짓말일지라도 남을 속이려고 하는 거짓말은 결코 용납될 수 없으나, 누군가 거짓을 진실로 믿고 전했다면 그 사람은 거짓말을 한 것이 아니라고 말했다. 18세기 계몽주의를 이끌었던 루소는 《고독한 산책자의 몽상》에서 거짓말을 네 가지로 분류했는데 자신의 이익을 위해서 하는 거짓말은 사기, 다른 사람의 이익을 위해서 하는 거짓말은 기만, 누군가에게 해를 끼치기 위해서 하는 거짓말은 중상, 그 누구에게 이익도 해도 되지 않는 거짓말은 거짓이 아니라 허구라고 했다.

거짓말이 사기든 기만이든 중상이든 허구든 그 인기는 세기가 바뀌어도 사라지지 않았다. 한쪽에서 아무리 거짓말이 나쁘다고 외쳐도 다른 한쪽에서는 거짓말이 진화를 거듭했고, 그로 인해 거짓과 진실의 경계가 모호해졌다. 20세기까지 거짓말은 '말'로 전해졌다. 그것이 입에서 입으로 전해지든, 종이 위에 기록되어 전해지든 '언어'의 모습을 하고 있었다. 그러나 디지털 시대가 열리고 거짓말의 도구가 다양해지면서 거짓말 또한 다양한 모습으로 확산되고 있다. 다른 사람의 작품을 내 것으로 둔갑시켜 이득을 취하고, 미디어 기술을 활용해 '가짜 뉴스'를 만들어 진실을 왜곡한다.

요즘 시대의 거짓말이 위험한 이유는 거짓말이 개인의 영역을 뛰어넘어 사회 전반에 영향을 미치기 때문이다. 2020년 코로나 바이러스가 확산되면서 확진자의 동선 파악이 중요한 일로 대두되었다. 그러나 자신의 동선을 숨기거나 거짓으로 말하는 사람들이 생기면서 공장이 멈추고, 회사가 문을 닫으며 수천 명에 이르는 사람이 검사를 받는 일이 있었다. 호주에서는 코로나 확진자의 거짓말로 170만 명이 생활하는 도시에 봉쇄령이 내려지기도 했다. 한 사람의 거짓말이 어마어마한 나비효과가 되어 돌아온 것이다.

다산이 살던 때보다 거짓말의 힘은 더 강력해졌다. 한 사람은 물론 사회 전체를 파괴할 만한 힘을 갖게 됐다. 아이러니한 것은 그렇기 때문에 진실이 더 중요한 세상이 되었다는 것이다. 오늘날 우리가 '거짓말을 삼가라'는 다산의 편지를 읽는 이유가 여기에 있다. 가짜와 진짜가 혼재되어 무엇이 진짜인지 찾아내기 힘들고, 나날이 진보하는 거짓 때문에 거짓 없는 세상을 만드는 건 불가능하겠지만 그럼에도 불구하고 다산의 말처럼 '하늘에 부끄럽고 사람에게 부끄러운 일을 아예 범하지 않'고 살아가길 노력하면 어떨까? 호연지기가 움츠러들어 우리의 정신이 죽지 않도록, 나의 거짓 하나로 세상이 파괴되지 않도록 말이다.

흔적에도 품격을 남겨야 한다

학유가 떠날 때 노자 삼아 준 가계

매 열흘 정도마다 집 안에 쌓여 있는 편지들을 점검하여 자질구레하거나 남의 눈에 거슬릴 만한 것이 있으면 일일이 추리거라. 그래서 아주 못 쓰겠는 것은 불에 태우고, 그보다 덜한 것은 새끼줄로 삼아 새끼를 꼬고, 또 그 다음 것은 터진 벽을 바르거나 책이나 편지 등을 보관하는 상자를 만들어서 정신을 정결히 하도록 하거라.

편지 한 장을 쓸 때마다 반드시 두세 번씩 살펴보면서 간절한 마음으로 점검하기를,

"이 편지가 사통팔달한 번화가에 떨어져 원수진 사람이 열어보게 되더라도 내가 죄를 얻는 일이 없을 것인가?"

라고 하고, 또,

"이 편지가 수백 년 뒤까지 전해져서 안목을 갖춘 숱한 사람이 보게

되더라도 나를 비난하지 않을 것인가?"

라고 한 뒤에 봉함해야 하니, 이것이 바르게 배운 자의 신중한 태도이다. 내가 소싯적에는 즉각즉각 글을 쓰는 습성이 있었기 때문에 이 규범을 많이 어겼으나, 중년에는 화를 입을까 두려워서 점차로 이 법도를 지키게 되었는데, 아주 유익하였다. 너희도 이 점을 명심하도록 하거라.

“아름다운 사람은 머문 자리도 아름답습니다.”라는 표어가 있다. 화장실을 깨끗하고 쾌적하게 만들기 위해 화장실문화시민연대가 ‘홀로 있을 때의 아름다움이 진정한 아름다움’이라는 공자의 말에서 착안하여 만든 말이다. 당신이 머문 자리에 불쾌한 흔적을 남기지 말라는 뜻이 담긴 표어를 볼 때마다 떠오르는 다산의 편지가 있다. 다산 또한 ‘흔적’에 관해 조심 또 조심하라는 편지를 썼기 때문이다.

다산은 강진에 머물러 함께 공부하던 학유가 고향으로 돌아갈 때, 노자 삼아 글 몇 편을 주었는데, ‘흔적을 조심하라’는 편지도 이 글에 묶여 있다. 다산은 학유에게 열흘 정도마다 한 번씩 집에 쌓인 편지를 점검하라고 일렀다. 집에 있는 편지들을 일일이 펼쳐 보고 아주 못 쓰겠는 것은 불태우고, 그보다 덜한 것은 노끈으로 만들고, 그보다 조금 더 나은 것은 벽지로 사용하거나 종이 상자를 만들어 쓰라고 했다. 그 후, 편지를 쓸 때 주의해야 할 점에 대해 말한다. 편지 한 통을 쓸 때마다 두 번 세 번 읽어 보고, 이 편지가 사방으로 막힘이 없는 거리 한가운데 떨어져 내 원수가 펼쳐 봐도 괜찮을 내용인지를 점검하라고. 편지 내용에 내 원수에게 트집을 잡혀 죄를 얻게 될 내용이 있는지 보고 또 보라고 주의를 준 것이다. 그러고 나서 한

마디를 더 덧붙인다. 이 편지가 수백 년 동안 전해져 먼 훗날 안목 있는 사람이 읽게 되어도 조롱받지 않을 내용인지 충분히 생각하고 또 생각해서 쓴 뒤에 비로소 편지를 봉하라고.

편지 한 통을 쓰는 데 이렇게 신중해야 할 필요가 있을까 싶지만, 다산이 편지에 과민반응 같은 신신당부를 한 데에는 그만한 이유가 있었다. 다산 집안의 편지가 세상에 나와 엄청난 사건이 벌어졌기 때문이다.

정조가 승하하고 대리청정을 하게 된 정순왕후는 1801년 1월 10일에 윤음綸音을 내렸다. 마을마다 오가작통법五家作統法을 실시해 천주교를 뿌리 뽑겠다는 내용이었다. 이 소식은 방방곡곡으로 퍼져 나갔고 천주교인들은 곧 화가 닥칠지도 모른다는 불안에 휩싸였다. 다산의 형이자 한국 천주교회의 지도층이었던 정약종도 불길한 예감을 인지했는지, 자신의 집에 보관하고 있던 천주교 관련 물건과 편지들을 다른 곳으로 옮기기로 결심했다. 그는 책 상자에 성물들과 주문모 신부의 편지, 천주교인들끼리 주고받은 글들을 넣었다. 정약종의 사환使喚인 임대인이 그 상자를 소나무 가지로 덮어 나뭇짐처럼 꾸몄다. 그리고 그것을 지게에 지고 길을 떠났다. 그러나 임대인은 목적지인 황사영의 집에 도착하기 전에 포졸들에게 잡히고 말았다. 그가 밀도살한 고기를 가지고 있다고 생각했기 때문이다. 그러나 풀어헤친 지게에서는 전혀 예상하지 못한 책 상자가 나왔다. 포졸들은 임대인을 끌고 포도청으로 향했다. 책 상자를 열어 본 포도청 대장은 깜짝 놀랐다. 그 안에 천주교 관련 물건들이 가득했기 때문이다. 이 사건은 천주교에 거센 피바람을 몰고 왔다. 먼저 이승훈과 이가환, 정약용이 체포되고, 책 상자의 주인인 정약종이 끌려와 취초를 받았다. 다산은 책 상자에서 나온 여러 장의 편지 때문에 고초를 당했다. 여러 장의 편지에 다산을 지칭하는 이름이 있었고, 그가 황사영에게 보낸 편지도 있었기 때문이다. 이 일로 이승훈과 이가환, 다산의 둘째 형 정약종이 참수되고 다산은 경상도 장기로 유배를 떠나게 되었다. 그리고 그해 겨울, 황사영이 토굴 속에서 몰래 쓴 편지가 발각되어 다산은 서울로 압송되었다가 강진으로 이배된 후 18년 동안 그곳에서 머물렀다.

이 사건의 내막을 알고 나서야 다산이 편지를 쓸 때 주의하고 또 주의하라고 이른 대목이 이해되었다. 자신이 쓴 편지가 자신의 삶을 옭아매는 단초가 되었다고 생각했기 때문이리라. 그러나 다산의 이런 생각이 꼭 책 상자 발각 사건 때문만은 아닌 듯하다. 편지 말미에 자신이 젊었을 때는 글을 빨리 쓰느라 이 규칙을 어긴 적이 있지만, 나이가 들어서는 화를 당할 것이 두려워 생각하고 또 생각하고 편지를 썼더니 큰 도움이 되었다고 한 것을 보면 말이다. 어쩌면 다산은 책 상자 사건이 벌어지기 전부터 이미 편지를 쓸 때마다 자신의 처지를 생각했는지 모른다. 입궐한 후부터 끊임없이 시기와 질투, 모함을 받아 왔으니 누구에게라도 꼬투리 잡힐 일을 하지 않으려고 애썼을 것이다. 그럼에도 불구하고 다산 집안의 문서들은 그의 삶을 옭아매는 단초가 되었고, 다산은 두 아들이 남긴 흔적이 스스로를 겨냥하는 화살이 되지 않기를 바랐다. 그래서 어떤 흔적을 남길 때마다 조심하고 또 조심하라고 신신당부를 한 것이다.

지금을 사는 우리에게 흔적 관리가 중요한 이유는 내가 인지하지 못하는 순간에도 내 흔적이 여기저기에 남기 때문이다. SNS에 누른 '좋아요' 버튼과 친구 계정에 남긴 댓글, 감정을 주체하지 못하고 올린 블로그의 글이 나도 모르는 사이에 다른 이들에게 읽힌다. 의도치 않게 그런 흔적이 누군가에게 영향을 미치기도 하고, 때때로 내게 화살이 되어 돌아오기도 한다. 인터넷 공간에 남긴 글은 시간이 흘러도 지워지지 않는다. 20년 전에 내가 어딘가에 올린 글이 검색되어 지우고 싶은 기억을 떠올리게 할 때도 있다. 그래서 '디지털 장의사'에게 부탁해 흔적들을 지워 보기도 하지만, 인터넷 공간에 남긴 흔적을 모두 지우는 것은 불가능한 일이다.

비대면 세상에서 살면서 온라인상에 흔적을 남기지 않는 것은 쉽지 않다. 인터넷 안에서 만들어지는 관계가 삶으로 이어지기 때문이다. 인터넷을 떠날 수도 없고, 그렇다고 흔적을 남기지 않을 수도 없다면 방법은 하나뿐이다. 흔적에 품격을 담는 것! 우리가 아무리 노력해도 하늘을 우러러 한 점 부끄러움이 없기는 힘들겠지만, 내가 남긴 흔적이 비수가 되어 되돌아오지 않도록 흔적에도 품격을 담아

보는 건 어떨까. 수백 년 후에 안목 있는 사람이 발견해서 읽게 된다고 해도 공감하며 고개를 끄덕일 수 있도록 말이다. 우리의 흔적이 사방으로 막힘이 없는 인터넷 세상에서 영원히 떠돌아다닌다는 것을 기억하면 한 자 한 자에 마음을 담는 일은 어렵지 않을 것이다.

생각과 행동을 일치시키는 법

두 아들에게 보여주는 가계

유향에게는 유흠이 있었고, 두업에게는 두임이, 양보에게는 양진이, 환영에게는 환전이 있었으니,[54] 훌륭한 아들이 자기 아버지의 책을 읽을 수 있었던 경우가 적지 않았다. 나도 너희들이 마음을 가라앉혀 내 저서를 연구해서 심오한 이치를 통할 수 있으면 매우 다행이겠다고 기대하니, 그렇게만 되면 내 비록 곤궁하게 살아도 근심이 없겠다.

군자가 책을 저술하여 세상에 전하는 것은 오직 제대로 알아주는 한 사람을 찾아서 온 세상의 비난도 마다하지 않는 것이니, 만일 나의 책을 알아주는 이가 있다면 그의 나이가 많을 경우 너희들은 그를 아버지

54 유향(劉向)과 유흠(劉歆), 두업(杜鄴)과 두임(杜林), 양보(楊寶)와 양진(楊震)은 부자관계이고, 환영(桓榮)과 환전(桓典)은 고조할아버지와 손자 관계이다.

로 섬기고 너희와 엇비슷하다면 너희들이 형제의 연을 맺는 것도 좋을 것이다.

일찍이 선배들의 저술 중에 거칠고 졸렬하고 식견이 좁은 책들이 세인의 추앙을 많이 받는 것도 보았고, 상세하고 해박한 책들이 되레 배척을 받아 끝내는 사라져 전해지지 않는 것도 보았다. 반복해서 생각해 보아도 그 까닭을 알 수 없었는데 근래에 와서야 비로소 깨달았다.

군자는 옷매무새를 바르게 하고 시선을 존엄하게 하고 입을 다물고 단정히 앉아 인형인 양 흐트러짐 없이 의젓한 자세를 취하며 언론은 돈후하면서도 엄정하게 해야 한다. 이와 같은 연후에야 뭇사람을 위엄으로 복종시킬 수 있고 명성이 널리 퍼져 마침내 오래도록 전해질 것이다. 만약 태만하고 경박하며 잡되게 농담이나 해댄다면, 비록 그가 말한 것이 깊이 이치의 근원에 들어맞았더라도 사람들이 또한 믿으려 하지 않을 것이다. 생전에 뿌리를 세우지 못해서 죽고 나면 자연히 날로 사라져 없어지게 되니, 이는 사리로 볼 때 당연한 것이다.

세상에 거칠고 허술하게 아는 자는 많고 이치를 훤히 꿰뚫은 자는 적으니, 어느 누가 쉽게 드러나는 위엄 넘치는 외견을 버리고 제대로 알기 어려운 올바른 이치를 별스럽게 구하려 하겠느냐? 고상하고 정묘한 학문은 알아주는 이가 더욱 적어서 비록 다시 도가 주공과 공자를 잇고 문장이 양웅揚雄과 유향을 뛰어넘는다 하더라도 제대로 인정을 받지 못한다.

너희들은 이 점을 알아서 우선 연구에 공들이는 것은 조금 늦추더라도 먼저 삼가고 단정한 자세를 갖추는 데 힘을 쏟아야 한다. 우뚝한 철산처럼 정좌하는 것을 익히고 사람을 대하고 사물을 접할 때 먼저 반드시 기상을 점검하여 자기의 본령本領을 세울 수 있게 되었다는 것을 깨달은 연후에 점점 저술에 마음을 두어가도록 하거라. 그래야 말 한마디 짧은 자구 하나도 모두 사람들이 애지중지하는 것이 될 것이다. 만약 스스로를 너무 경시하여 땅에 떨어진 흙처럼 여긴다면 이것은 정말 영영 끝장이다.

언행일치란, 말과 행동이 하나를 이룬다는 뜻이다. 한마디로 '말한 대로 행동한다'는 의미다. 그러나 이렇게 사는 것은 어려운 일이다. 깊이 생각하고 또 생각한 후에 말하는 것보다 쉽게 생각하고 쉽게 말하는 경우가 많기 때문이다. 다산은 행동이 따라가지 못하는 '쉬운 말'을 경계했다. 그래서 두 아들에게 말하기 전에 '정좌'하라는 편지를 써주었다.

행동에 앞서 정좌하라는 편지는 다산이 두 아들에게 준 가계에 나온다. 먼저 다산은 아버지의 책을 읽었던 유흠과 두임과 양진 등에 대해 언급한다. 이들처럼 두 아들이 자신의 저서를 읽고 연구해 주기를 바랐던 것이다. 다산은 지식인이 책을 펴내는 것은 책의 진가를 알아봐 주는 한 사람을 찾는 일이라고 생각했다. 그래서 자신이 쓴 책을 단 한 사람이라도 알아봐 주면 그걸로 만족한다며, 나머지 사람들이 욕을 해도 상관할 바가 아니라고 말했다. 다산은 두 아들에게 자신이 쓴 책을 읽어주기를 부탁하면서 만약에 자신의 책을 알아봐 주는 사람이 나타나면 그 사람을 아버지나 형제처럼 대하라고 일렀다. 나이가 많으면 아버지로 섬기고 연배가 비슷하면 형제처럼 지내라고 한 것이다.

다산은 오랫동안 세상에 남을 책을 쓰기 위해 고민하고 또 고민했다. 속세에 있을 때 선배들이 쓴 책 중에 왜 어떤 글은 추앙을 받고, 어떤 글은 배척을 받는지 거듭 생각했다. 그러나 쉽게 그 이유를 알 수 없었다. 먼 길을 떠나와 홀로 머물며 생각하고 또 생각한 후에 그 이유를 깨달았다. 옷매무새를 바르게 하고 단정히 앉아 인형인 양 흐트러짐 없이 의젓하고 엄숙하게 지내는 생활 습관이 글에 녹아 나오는 것이라고, 그렇게 여러 사람에게 인정받고 이름을 오래오래 퍼뜨릴 수 있다고 말이다.

다산은 글을 쓰기에 앞서 몸과 마음을 바르게 하는 것이 더 중요하다고 생각했다. 그래서 움직이지 않는 산처럼 마음을 가라앉히고 바르게 앉는 것을 익힌 후에 글을 써야 한다고 했다. 이런 과정을 통해서 자신의 뜻을 세울 수 있고, 그것을 깨달은 다음에 쓴 글은 모든 사람이 애지중지하는 글이 된다고 생각한 것이다. 다산에게 글은 붓으로만 쓰는 게 아니었다. 온몸으로 수행하며 쓰는 것이었다. 그래야 글과 삶이 일치하고, 그런 글이 세상에 뿌리를 내리고 오래 간다고 생각했기 때문이다. 다산은 세상에 뿌리를 내리지 못한 글은 저자가 죽음과 동시에 사라진다고 믿었다. 그래서 몸과 마음, 글과 삶을 일치시켜 세상에 오랫동안 남을 수 있는 책을 써야 한다고 말했던 것이다.

다산은 글 하나를 쓰더라도 깊이 생각하고, 실천할 수 있는 것을 쓰려고 했다. 자신이 실천하지 못하는 글은 죽은 글이나 마찬가지라고 생각했기 때문에 스스로 그런 삶을 살며 실천으로 보여주었다. 폐족이 된 두 아들에게 '책을 읽으면 성인이 될 수 있다' 말하며 자신도 진흙처럼 앉아서 책을 읽고, 글을 썼다. 그 결과 500여 권에 달하는 책을 남겼고, 2012년 유네스코 세계기념인물로 지정되어 세계 속에 '정약용'이라는 이름을 떨쳤다. 다산은 '정좌하는 삶'을 아들에게 권하기만 하지 않았다. 본인이 스스로 실천하며 말과 행동을 일치하는 모습을 먼저 보여주었다. 그러나 우리는 말과 행동이 따로인 사람을 더 자주 만난다. 다산이 경계했던 말이나 글은 번지르르하게 하면서 행동은 망나니처럼 하는 사람들이 여전히 많다는 뜻이다. 요즘시대에 이런 '언행불일치'의 대표를 꼽으라면 정치인이 아닐까 싶다. 자신들이 내놓은 공약을 반도 지키지 못하는 사람이니까 말이다.

2020년 4월 10일, KBS 〈시사기획 창〉 취재팀은 21대 총선을 준비하며 각 당에서 내놓은 공약을 살펴보았다. 지난 20대 총선 때 들고 나왔던 공약은 얼마나 이행했는지, 다음 총선에 내놓은 공약은 무엇인지 검토해본 것이다. 취재팀은 각 당이 지난 선거 때 제시한 10대 공약을 살피고 완전하게 이행된 것은 '이행', 변경되어 이행되었거나 부분만 이행된 것은 '부분이행', 이행되지 못한 것은 '미이행'으로 분류했다. 결과는 놀라웠다. 각 당에서 '이행되었다'고 발표한 공약은 50%가 넘었는데, 변경되거나 부분만 이행된 '부분이행'을 제외하고 완전히 이행된 공약은 10% 내외에 불과했다. 이들이 아예 실천하지 못한 공약은 40%가 넘었다.

취재팀은 각 정당에서 21대 선거에 내놓은 공약을 살피다가 흥미로운 사실을 발견했다. 그들이 새롭게 이번 국회에서 지키겠다고 내놓은 공약 중에 '헌 공약'이 많다는 것이다. 짧게는 4년 전에, 길게는 12년 전에도 지키겠다고 내놓은 공약을 마치 새로운 공약인 것처럼 다시 내세웠다. 도대체 왜 이런 일이 생기는 걸까? 국회의원들이 내세운 공약이 이행되려면 법을 만들고, 법안이 국회를 통과해 현실화가 되어야 한다. 그러나 이들이 공약으로 내세운 많은 것이 오랫동안 국회에 계류 중이다. 공약으로 냈다가 법안 처리가 안되자 다시 공약으로 내고, 또 다시 계류되고, 또 다시 공약으로 내는 '도돌이표'가 계속 반복되고 있는 것이다. 스토킹범죄 처벌법이나 전국 무료 와이파이법, 어린이 보호구역 지정에 관한 법 등은 선거때마다 등장하는 단골 공약이다. 말하기 전에 이것을 지킬 수 있는지 살피든지, 말을 했으면 법안이 되도록 노력해야 하는데 실행되지 못했다. 정당과 국회의원들의 관심이 공약 실천보다 '표심'에 더 집중된 결과가 아닐까? 아마도 이들이 공약을 말하기 전에 정좌하고 생각하며 어떻게 실행할 것인가를 먼저 고민했다면 공약의 반도 못 지키는 이런 일은 일어나지 않았을 것이다.

다산의 언행일치 비결은 '정좌'였다. 그는 몸과 마음을 고요히 하고 깊이 생각하는 것이 언행일치의 시작이라고 생각했다. 그러나 여전히 몸과 마음을 정좌하는 사람을 만나는 일은 어렵고 내 삶도 '언행불일치'라고 느낄 때가 많다. 새해에 세웠던 수많은 계획은 사라진 지 오래고, 또 다시 지키지 못할 약속을 하는 나를 만나기도 한다. 말과 계획은 쉽고 실천은 여전히 어렵다. 그러니 말과 행동이 다른 나를 발견할 때마다 점검해 보는 건 어떨까? 내가 말을 하기 전에 정좌하고 있는지, 내가 하는 말과 세운 계획은 실천할 수 있는 것인지 말이다. 만약에 그 가운데 깨달음을 얻은 것이 있다면, 그때 말하고 행동하며 '언행일치'의 삶에 다가설 수 있을 것이다.

술로 건강을 망치지 말 것

유아에게 부침

네 형이 왔기에 술을 한번 먹여 보았는데, 한 잔 마시는 걸로는 취하지 않더구나. 동생인 네 주량을 물었더니, 너는 자기보다 배 이상은 더 마실 수 있다고 하더라. 어째서 글공부는 이 아버지의 유난한 습관을 이을 줄 모르고 주량만 이 아버지를 넘어서는 것이냐? 이것은 반가운 소식이 아니다. 너의 외조부이신 절도사공節度使公(홍화보)께서는 술 일곱 잔을 마셔도 취하지 않으셨지만 평생 술을 입에 대지 않으셨고, 만년에 몇십 방울 정도 들어갈 만한 작은 고觚술잔 하나를 만들어 그저 입술만 적시곤 하셨을 뿐이었다.

나는 태어나서 지금껏 술을 제대로 많이 마셔 본 적이 없어 내 주량을 알지 못하는데, 아직 벼슬하기 전에 중희당重熙堂에서 삼중소주三重燒酒를 옥필통玉筆筒에 가득히 부어 내려 주시기에 사양하지 못하고 마시면서 '나는 오늘 죽었구나.'라고 마음속으로 혼자 생각했다.[55] 그러나 아주 심하게 취하지는 않았었다. 또 춘당대春塘臺에서 임금을 모시고 시험 답안지를 채점할 때에 맛있는 술을 큰 사발로 한 잔씩 하사받았는데, 그때 여러 학사가 만취하여 인사불성이 되어 남쪽을 향해 절을 하는 이가 있는가 하면 연석에 엎어지거나 드러누워 있는 이도 있었다. 그러나 나는 시험 답안지를 다 읽고 등수도 착오 없이 매겼으며, 물러날 때에야 약간 취했을 뿐이었다. 너희들은 내가 술을 반 잔 이상 마시는 것을 본 적이 있느냐?

진실로 술의 맛이란 입술을 적시는 데 있다. 그런데 소가 물 마시듯 술을 마시는 자들은 입술이나 혀는 적셔 보지도 않고 곧장 목구멍으로 넘기니 무슨 맛이 있겠느냐. 술의 정취는 살짝 취하는 데 있다. 그런데 얼굴은 벌건 도깨비같이 되어서는 구토를 해대다가 잠에 곯아떨어지는 자들에게 무슨 정취가 있겠느냐. 요컨대 술 마시기를 좋아하는 자들은 대부분 폭사暴死한다는 문제가 있으니, 술독이 오장육부에 스며들다가 어느 날 갑자기 썩어 문드러지기 시작하면 온몸이 무너지게 되는 것이다. 이것은 크게 두려워할 만한 점이다.

나라를 망하게 하고 가정을 파탄시키는 흉포하고 어그러진 행동들은 모두 술에서 비롯되기 때문에 옛적에는 '고'라는 술잔을 만들어 절제하

55 정조 11년(1787년) 8월에 있었던 반제(泮製, 즉 성균관에서 원점생圓點生에게 보인 제술製述 시험)에서 다산이 높은 성적을 받아 계성주(桂腥酒)를 큰 사발로 하사받았던 때의 일인 듯하다.

였다. 그러나 후세에는 그 고술잔을 사용하면서도 제대로 절제하지 못하였으므로 공자께서는, '고라는 술잔을 사용하면서도 주량을 조절하지 못한다면 고라고 할 수 있겠는가.'라고 하셨던 것이다.[56] 너처럼 아직 배움도 일천하고 식견도 부족한 폐족 집안의 사람이 술주정뱅이라는 이름까지 달게 된다면 앞으로 어떤 수준의 사람이 되겠느냐. 주의하여 절대로 입에 가까이하지 말아서, 제발 이 아득히 먼 외딴곳에서 외치는 애처로운 애비의 말을 준행하도록 하여라. 술병이 발발하면 등창이나 뇌저[57], 치루나 황달 등 갖가지 기괴한 병이 되는데, 이러한 병이 한 번 일어나면 백약이 무효하다. 너에게 부탁하고 또 부탁하건대, 술을 절대 입에 대지 말고 마시지 말도록 하여라.

56 《논어(論語)》 〈옹야(雍也)〉 편에 나오는 내용이다. 대개는 정약용의 이러한 해석보다는 '모가 나서 고술잔이라 불리는 술잔이 모가 나지 않았으면 그것이 고술잔이겠느냐![觚不觚觚哉觚哉]'라는 해석으로 주로 사용된다.

57 뇌저(腦疽)는 목 주변에 생기는 종기로 알려져 있다.

인생의 첫 일탈을 '술'로 시작하는 사람들이 있다. 구하기 쉽고, 무엇보다 저렴하며, 적당히 마시면 낭만이 되기 때문이다. 그러나 언제나 문제는 '적당히'의 기준이 저마다 다르다는 데 있다. 이 의견의 차이는 술을 마시는 사람과 저지하는 사람 사이에 언쟁을 유발하고, 결국 사이가 멀어지게 만들기도 한다. '적당히'의 기준이 세계 공통으로 정해지지 않는 한 마시려는 자와 말리려는 자의 언쟁은 사라지지 않을 것이다. 다산 또한 술 때문에 아들과 언쟁을 벌인 일이 있다. 언쟁이라기보다 일방적인 경고라고 보는 게 더 정확하겠지만. 사연은 이렇다.

학연이 강진의 초당에 내려와 다산과 함께 지낼 때의 일이다. 다산은 가르침을 받으러 온 첫째 학연과 술상을 놓고 마주앉았다. 자신의 아들이 얼마나 술을 잘 마시는지, 법도는 잘 지키고 있는지 시험해 보고 싶었기 때문이다. 다산은 술잔에 술을 담아 학연에게 건넸다. 학연은 아버지가 주는 술을 받아 마시며 한 점도 흐트러지지 않았다. 다산은 취하지 않는 학연을 보며 둘째 아들 학유를 떠올렸다. 학유와 술을 마셔 본 적이 없어 학연에게 학유의 주량을 물어보았다. 학연은 둘째 학유의 주량이 자신의 두 배가 넘는다고 말했고,

그 말을 들은 다산은 깜짝 놀랐다. 학유가 술을 좋아한다는 이야기는 들었지만, 술을 그렇게 많이 마시는지는 몰랐기 때문이다. 다산은 깊은 한숨을 쉬었다. 하라는 공부는 안 하고 술을 마시며 허송세월을 보내고 있는 학유를 생각하니 안타까웠다.

다산은 학유의 술 마시는 버릇을 다잡기 위해 붓을 들었다. 학연에게 주량에 대해 들었다는 이야기를 전하며 집안 어른들이 술을 대하는 태도에 대해서 말했다. 외할아버지는 술 일곱 잔을 마셔도 취하지 않는 주량이었지만 평생 술을 가까이하지 않았고, 만년에 아주 작은 잔에 몇 방울의 술을 담아 입술만 적셨다고. 다산 자신도 술을 많이 마신 적이 없어 자신의 주량이 어느 정도 되는지 알지도 못하지만 취한 적은 없다며 술 경험에 대해 이야기한다. 다산은 벼슬하기 전에 시험에서 세 번이나 일등을 하면서 임금이 옥필통에 가득 따라준 소주를 마셨지만 취하지 않았으며, 학사들과 함께 임금을 모시고 공부를 하면서 임금이 주는 술을 큰 사발로 하나씩 하사받아 마셨을 때도 자신이 읽어야 할 책을 다 읽고, 공부를 마칠 때까지 바르게 있었다고 말한다. 다른 학사들은 취해 정신을 잃고, 남쪽을 향해 절을 하거나, 자리에 엎드리거나 누워있었지만 자신은 흐트러지지 않았다며 자신의 주량이 어느 정도인지 은근슬쩍 내비친다. 그리고 이어서 말한다. 그럼에도 불구하고 자신은 술을 마실 때 반 잔 이상 마신 적이 없었다고.

다산에게 술이란 '입술을 적시는 것'으로 족한 것이었다. 술을 마시는 맛은 입술에 닿은 술을 혀로 음미하는 것에 있는 것이지, 소가 물을 마시듯 술을 목구멍에다 털어 넣는 것은 술을 즐기는 방법이 아니라고 생각했다. 다산은 사람이 술을 마시고 취해 정신을 잃는 것을 경계했다. 나라를 망하게 하고, 가정을 파탄시키는 것이 술에서 비롯된다고 생각했기 때문이다. 다산은 자신의 아들이 이런 사람이 될까 노심초사했다. 자신의 아들에게 폐족 집안의 자식이라는 꼬리표가 달린 것만으로도 억장이 무너지는데, 술주정뱅이까지 된다면 어떻게 견딜 수 있겠는가? 그래서 다산은 학유에게 당부했다. 술을 멀리하고 절대 입에 가까이 대지 말라고, 술은 많은 병을 일으키는 주범이니 딱 끊고 마시지 말라고.

그가 이토록 술을 경계한 것은 술을 좋아하는 사람들이 병에 걸리면, 갑자기 참혹하게 죽는다고 믿었기 때문이다. 다산은 술의 독한 기운이 몸 속에 들어가면 오장육부가 제 기능을 하지 못하고 온몸이 무너지는 것은 시간문제라고 생각했다. 아마도 다산은 또 다시 참척慘慽의 아픔을 겪고 싶지 않았을 것이다. 이미 여섯 명의 자식을 앞세운 아비로서, 장성한 아들을 잃는다는 것은 생각만으로도 견딜 수 없는 고통이었을 것이다. 그래서 학연에게 술을 끊으라고 읍소하고 또 읍소했다.

그렇다면 아버지의 편지를 받은 학유의 마음은 어땠을까? '과거를 볼 수도 없고, 출세를 할 수도 없고, 어떤 노력을 한다고 해도 더 나은 삶을 보장받을 수 없는데 술이라도 마시면서 시름을 잊어야지, 무슨 재미로 세상을 살아간단 말인가?'라고 생각했을까? 아니, 학유는 아버지의 간곡한 마음을 헤아려 되도록 술을 마시지 않으려고 노력했던 것 같다. 한 해 동안 농가에서 해야 할 일과 철마다 알아 두어야 할 풍속이나 예의범절 등을 적은 〈농가월령가農家月令歌〉와, 《시경》 속에 나오는 생물들을 설명하는 백과사전격인 《시명다식詩名多識》을 남겼으니 말이다.

술을 좋아했다는 다산의 둘째 학유는 1855년 69세의 나이로 세상을 떠났다. 형 학연보다 4년이나 앞선 죽음이었으나, 다산이 걱정한 것처럼 폭사하지는 않았다. 회갑을 지나 일흔을 바라보는 나이에 떠났으니 자연의 순리였을 것이다. 어쩌면 20대 때, 술을 멀리하라는 아버지의 편지를 받고 그 뜻을 따르려고 노력했기 때문에 아버지보다 앞서지 않았는지도 모른다.

술을 마신다고 모두가 폭사하거나 중독자가 되는 것은 아니다. 자기 통제가 가능하다면 때때로 술은 '마법의 액체'가 되기도 한다. 술잔을 부딪칠 때 꼭꼭 닫혀 있던 마음의 문이 열리고, 관계가 이어지며, 막혔던 문제가 해결되기도 하니까. 그러나 마법에 빠지는 일도 적당히 해야지, 상습적으로 사용하다가는 현실을 살아내지 못할 수도 있다. 언제나 '적당히'가 어느 정도냐는 것이 문제인데, 그것을 잘 모르겠다면 다산이 내린 술맛의 정의를 떠올려 보면 어떨까. 술을 목구멍에 털어 넣고 싶을 때마다 술의 참맛은 입술을 적시는 데 있다던 다산의 말을 떠올리면서, 한 박자 쉬어 가는 것, 그것도 술을 즐기는 하나의 방법이 되지 않을까? 한 잔의 술이 우리의 일상을 궤도 밖으로 밀어내는 무기가 되지 않도록 적당히 건배하자.

4부

배려, 타인과 공존하는 법

'같이'의 가치

학유가 떠날 때 노자 삼아 준 가계

집안의 아직 따로 살림을 나지 않은 둘째 아들 중에 터앝이나 텃밭을 돌보지 않는 경우가 있는데, 그들은 마음속으로 나중에 제 몫의 토지를 얻으면 마음을 다해 경영할 것이라고 생각한다. 그러나 이것은 본래 사람의 성격의 경향성에서 나온다는 것을 모르고 하는 말이다. 자기 형의 농원을 보살피지 못하는 사람은 제 농원도 보살피지 못한다. 너는 내가 다산에다가 연못을 파고 축대를 쌓고 밭을 가꾸는 일에 마음과 힘을 다 쏟던 것을 보았을 것인데, 그것이 앞으로 그것들은 내 것으로 만들어 자손들에게 전해주려고 그렇게 한 것이겠느냐? 진실로 타고난 성격이 그것을 좋아해서 한 것이어서 내 땅 네 땅의 구분이 없었던 것이다.

하루 코로나 확진자가 1,000여 명을 넘나들던 2020년 12월, 씁쓸한 사진 두 장을 보게 됐다. '확진자가 떠난 치료센터 모습'이라는 제목이 붙은 사진이었다. 연수원처럼 생긴 방은 온갖 쓰레기로 가득했다. 침대며 책상이며 바닥까지 각종 쓰레기가 널브러져 있었다. 쓰레기는 쓰레기통에 넣고 분류라도 제대로 좀 해두고 갔으면 좋았을 것을. 어쩜, 자기 집 아니라고 이러고 갈 수가 있나 싶었다. 이기적인 그들의 행동을 보며 '내 것'과 '남의 것'을 가리지 말고 살피라는 다산의 편지가 떠올랐다.

다산이 두 아들에게 가계로 전한 편지에는 과수원과 채소밭을 가진 어느 집안의 이야기가 있다. 그 집안에 아들 둘이 있었는데, 과수원과 채소밭은 큰아들의 몫이었다. 둘째 아들은 자기 밭이 아니라는 이유로 농작물을 키우는 데 전혀 신경을 쓰지 않았다. 아마도 앞으로 자기 몫의 땅이 떨어지면 자기 땅의 과일이나 채소만 잘 가꾸어 보려는 심산이었던 것 같다. 그런 모습을 보고 다산은 그게 다 '사람이 타고나는 성품'이라고 말했다. 동생에게 자기 몫의 과수원이나 채소밭이 생기면 열심히 가꿀 것 같지만 무언가를 가꾸고 키우는 것은 사람이 가지고 태어나는 성품이라는 것이다. 그래서 형의 과수원을 잘 살피지 못하는 동생은 자신의 과수원이 생겨도 잘 살피지 못할 것이라는 게 다산의 생각이었다. 그러면서 다산은 자신이 강진의 밭을 어떻게 가꾸었는지 알려 준다. 연못에 축대를 쌓고 채소밭을 가꿀 때 그것을 내 것으로 만들어 후손에게 물려주려고 했던 것이 아니라, 엉망으로 방치된 땅을 잘 가꾸어 보고 싶은 마음이었다고. 자신의 본성이 그런 것을 좋아했기 때문이지, 내 땅과 남의 땅을 따져 가면서 한 일이 아니라고 말이다.

다산은 '같이'의 가치를 아는 사람이었다. 남의 땅에서 자라는 채소야 말라 죽든 말든 내 땅에서 자라는 채소만 잘 자라면 된다고 생각하는 사람이 아니었다. 다산의 이런 정신은 사람을 바라보는 태도에서도 나타난다. 나만 잘 먹고 잘 살면 되는 것이 아니라, 기쁨도 고통도 함께 나누는 것이 사람답게 사는 방법이라고 생각했다. 1809년 벼슬에 있는 김이재에게 쓴 편지에서도 이런 마음이 잘 드러난다.

1809년 6월, 강진은 오랜 가뭄으로 모든 것이 타들어 가고 있었다. 입춘 이후에 세 차례 먼지를 적실 만한 비만 내렸을 뿐, 5월 이후 40일이 지나도록 구름 한 점 없이 해만 쨍하고 바람마저 뜨거웠다. 밤사이 이슬도 내려앉지 않는 날이 계속되자 벼는 물론이고 모든 식물과 과일이 타 죽었다. 샘물과 개천이 말라붙어 물을 구하기도 힘들었다. 굶주림에 목마름까지 해결하지 못한 백성들이 죽어

나갔고, 길가에 버려진 젖먹이도 그 수를 헤아릴 수 없을 정도로 늘었다. 강진에 있는 논 열에 일곱은 모내기도 하지 못했고, 그나마 모내기를 한 논도 싹이 말라붙고 붉은 땅이 드러나 가을이 된다 해도 수확을 기대하기 힘들었다. 모든 농작물이 타들어 가 돈이 있는 사람도 곡식을 구할 수 없었다. 상황이 이런데도 관료들은 눈을 감고 귀를 막으며 백성들의 소리를 듣지 않았다. 그저 산속 깊은 곳으로 가 저 혼자 더위를 피하고, 아전들을 풀어 백성들이 비축해 놓은 식량을 수색하게 했다. 사찰을 덮치고 상인들이 파는 물건을 강제로 빼앗아 가기도 했다. 100석의 곡식이 있는 사람에게 1000전의 뇌물을 요구하고, 10석의 곡식을 가진 자에게는 100전의 뇌물을 달라 겁박했다. 재난에 대비해 세금을 거뒀던 곡식의 실제 양은 장부에 적힌 양과 맞지도 않았다. 아전들이 자신의 배를 채우기 위해 야금야금 가져간 탓이었다. 이런 소식을 들은 다산은 가만히 있을 수가 없었다. 자신도 상수리를 주워 끼니를 채우던 탓에 음식을 나눌 수는 없었으나 이런 사실을 정확하게 알려 관료들이 각성하게 하는 것도 함께 살기 위한 행동이라고 생각했던 것이다.

백성을 생각하던 다산의 마음을 '애민정신'이라 말하지만, 그 바탕에는 모든 사람과 더불어 '함께' 살아가기 원했던 다산의 너른 마음이 깃들어 있다. 계급을 나누어 잘 사는 사람과 못 사는 사람의 경계를 세우고, '내 것'과 '네 것'을 구분하는 것이 아니라 하나의 생명을 가진 똑같은 사람이라고 생각하며 함께 살기를 원했던 것이다.

'함께'의 가치를 전하려 했던 다산의 편지를 읽을 때마다 떠오르는 이야기가 하나 있다. 몇 년 전, 한 초등학교 가을 운동회에서 일어난 일이다. 다섯 명의 아이가 달리기를 하기 위해 출발선 앞에 섰다. 곧 '출발' 신호가 떨어졌고 다섯 명은 힘껏 뛰기 시작했다. 그러나 유독 작아 보이는 한 아이는 앞으로 달려가는 친구들을 따라잡지 못했다. 그는 연골이 자라지 않는 '연골 무형성증'을 앓고 있었다. 114cm의 키를 가진 아이는 자신보다 30cm 이상 더 큰 친구들을 이길 수 없었다. 해마다 반복되는 일이었다. 친구들은 이미 결승선 근처에 가있었다. 그런데 결승선을 향해 달려가던 친구들이 갑자기 방향을 틀어 반대로 달리는 일이 벌어졌다. 그러더니 뒤처진 아이 곁으로 와서 손을 잡는 게 아닌가! 다섯 명의 친구들은 그렇게 손을 잡고 나란히 결승선에 도착했다. 아이는 그날 태어나 처음으로 손등에 1등 도장을 받았다. '함께하는 1등'을 선물해 주고 싶었던 친구들 덕분이었다.

'같이'의 가치를 아는 사람들의 힘은 상상을 초월한다. 상처로 남을 뻔한 운동회의 기억을 행복으로 바꿔 주고, 누군가를 구하기 위해서 수십 톤에 달하는 지하철도 밀어붙인다. 그리고 시커먼 기름에 뒤덮여 죽어 가는 바다도 살려낸다. 태안 앞바다에 유출된 12,547kℓ의 기름을 걷어 내고 닦아 냈던 사람들처럼 말이다. 이런 사람들은 '내 것'과 '네 것'의 경계를 허물고, 연대의 손을 잡는다. 사람과 사람은 물론 사람과 자연이 함께 살아갈 수 있도록 하는 것이다. 사람은 혼자서 살아갈 수 없다. 자연의 모든 것도 저 혼자서는 살 수 없다. 그래서 어쩌면 남과 손잡는 일은 내가 살아갈 수 있는 유일한 방법인지도 모른다. '내가 왜 남까지 생각해야 하는가?'라는 의문이 들 때 다산의 편지를 떠올려 보는 건 어떨까. 방치된 남의 밭까지 가꾸고, 고통받는 백성의 실상을 알려 함께 잘 살기를 원했던 다산의 편지를 말이다. 경계를 허물고 손을 잡고 사는 것, 그것이 사람이 사람답게 사는 방법임을 기억하면서.

한 사람, 한 사람의 존재를 인정할 것

매화쌍조도梅花雙鳥圖

나래를 펄럭이며 날던 새
뜰 안 매화나무 가지 앉아 쉬누나
매화꽃 향내 짙게 풍기니
고맙게도 찾아와 준 것인가
여기 머물러 여기 깃들어
가정 이루고 즐거이 살려무나
꽃도 이제 활짝 피었으니
열매도 주렁주렁 열리겠지

가경 18년(1813년, 순조 13년) 7월 14일 열수옹洌水翁이 다산 동암에서 쓰다.

내가 유배지 강진에서 몇 년을 보내던 차에 부인 홍씨가 해진 치마 6폭을 부쳐 왔다. 세월이 오래되어 붉은 빛이 바랬기에 그것을 잘라 4첩으로 만들어서 두 아들에게 보내고 나머지로 작은 장지를 만들어 딸아이에게 보낸다.

매화독조도梅花獨鳥圖

늙은 가지 썩어 그루터기나 되려 했는데
푸른 가지 뻗어나더니 꽃이 활짝 피었네
어디에서 날아왔나, 고운 빛깔 작은 새
한 마리만 남아서 하늘 끝을 떠도네

자꾸 바라보게 되는 다산의 편지가 있다. 그가 딸에게 남긴 편지 '매조도'다. 다산에게는 아들 여섯과 딸 셋이 있었다. 그중 네 명의 아들과 두 명의 딸이 다산보다 먼저 세상을 떠났다. 결국 다산이 삶을 다하는 날까지 함께 살았던 자녀는 마재에 있던 두 아들, 그리고 다산의 친구 아들과 혼인한 딸뿐이었다. 다산의 아들 학연과 학유에 대한 이야기는 다산이 유배지에서 보낸 편지를 통해 많이 알려져 있지만, 딸 홍연에 대한 기록은 많지 않다. 유배지에 있을 때 딸을 그리워하며 쓴 시와 딸의 결혼을 축하하며 남긴 '매조도' 정도만 알려져 있을 뿐이다.

다산이 강진에 유배되고 여러 해가 흘렀을 때, 마재에 있던 그의 부인이 낡은 치마를 보냈다. 부인이 다산과 결혼할 때 입었던 옷이었는데, 붉었던 치마가 30여 년의 세월이 흐르면서 노을빛으로 바랬다. 다산은 다섯 폭의 낡은 치마를 잘라 네 권의 첩으로 만들어 두 아들에게 전하고 싶은 이야기를 썼다. 이것이 '하피첩'인데 '노을 빛깔의 붉은 치마로 만든 첩'이라는 뜻이다. 그리고 남은 치마는 족자로 만들어 시집간 딸에게 남겼다.

1813년 7월 14일, 다산은 시집간 딸을 생각하며 활짝 피어 있는 매화나무 위에 새 두 마리가 정겹게 앉아 있는 그림을 그린 후, 짧은 글을 하나 남겼다. 나풀나풀 새 두 마리가 우리 뜰 매화나무에 앉아서 쉬고 있다고. 매화의 향기에 끌려 두 마리의 새가 반갑게 왔으니 여기에 집을 짓고 네 집안을 즐겁게 하라고. 이미 꽃은 활짝 피어 있으니 이제 큰 열매가 맺을 것이라며 시집간 딸 홍연이 남편과 함께 아들딸 많이 낳고 행복하게 살기를 바라는 마음을 적었다.

한 달 뒤, 다산은 또 하나의 매조도를 그린다. 이번에는 매화나무 가지에 듬성듬성 꽃이 피어 있고 금방 날아온 듯한 새 한 마리가 앉아 어딘가를 바라보고 있는 모습이다. 이 그림 아래에도 짧은 글이 하나 적혀 있는데, 시집간 딸에게 보낸 애정 어린 글과 전혀 다른 분위기다. 오래된 가지가 다 썩어서 그루터기가 되려고 하더니 어느새 푸른 가지가 뻗어 나와 꽃을 활짝 피웠다고. 그 꽃 위에 어디선가 작은 새 한 마리가 날아왔는데 홀로 남아 하늘가를 떠돌고 있다는 내용이다. 읽을 때마다 뭔가 짠한 마음이 드는 이 매조도는 다산이 자신의 딸 '홍임'에게 남긴 편지다.

홍임은 다산이 강진에 있을 때 소실에게서 얻은 딸이다. 그래서 다산의 자녀로 기록된 학연과 학유, 그리고 홍연과는 다른 삶을 살아야 했다. 유배인의 삶을 '사는 것보다 죽는 것이 더 낫다'고 여기던 다산이었다. 그러던 어느 날, 다산은 새로운 사랑을 만나게 됐다.

오래되어 다 죽어가던 나무 같았던 다산에게 새로운 사랑은 파란 싹을 틔우고 꽃을 맺게 했으며, 결국 그 향기에 새 한 마리가 날아들었다. 새로운 생명을 안아 들고 다산이 얼마나 기뻐했을까. 그러나 다산은 이 아이의 앞날을 염려했다. 첩에게서 얻은 딸이 얼마나 고단한 삶을 살게 될지 모르지 않았다. 홍임은 자신이 평생 유배지에 묶여 살면 죄인의 딸로 살아가야 할 것이고, 해배되어 고향으로 돌아간다고 해도 환영받지 못할 터였다. 그래서 다산은 새 한 마리가 홀로 남아 하늘가를 떠돈다고 구슬프게 노래한 게 아닐까.

다산이 예감했던 대로 홍임의 삶은 순탄치 못했다. 홍임 모녀는 다산이 해배되어 마재로 돌아갈 때 그를 따라갔지만, 집 안으로 들어가지 못하고 쫓겨났다. 둘은 발길을 돌려 강진으로 돌아가야 했다. 그런데 홍임 모녀를 강진까지 안내하기로 했던 사람이 중간에 홍임 어머니를 다른 집의 소실로 보내려고 계략을 꾸몄고, 분노한 홍임 어머니는 어린 홍임을 데리고 다산과 살던 곳으로 돌아가 통곡하며 살았다는 이야기가 전해진다.

그 후 홍임 모녀가 어떻게 살아갔는지는 알 수 없다. 다산이 홍임을 위해 그린 매조도가 친구인 이인행 집안에 전해지는 걸 보면 매조도 또한 홍임에게 전해지지 못한 것 같다. 다산의 딸이었으나 삶의 흔적을 찾을 수 없는 홍임이 떠오를 때마다 얼마나 많은 이가 존재를 인정받지 못하고 사라졌을까 생각한다. 이것은 비단 홍임의 일만이 아니다. 오늘날에도 존재를 인정받지 못하는 여성들의 이름이 지워지고 있다. 경력 단절 여성들의 이야기다.

여성가족부가 발표한 '2019년 경력 단절 여성 등의 경제활동 실태조사'에 의하면 여성 3명 중 1명(35%)은 결혼, 임신·출산, 양육, 가족 돌봄 등으로 경력 단절을 경험했다. 이들이 재취업하는 데 평균 7.8년이 걸렸고, 재취업에 성공해도 임금은 경력 단절 전보다 13.4%나 떨어졌다. 그러나 가장 큰 문제는 육아휴직을 사용한 여성 10명 중 6명은 직장에 복귀하지 못했다는 사실이다. 회사로 돌아가지 못하는 여성들이 홍임이와 무슨 상관이냐고 할지 모르겠다. 그러나 잠깐 생각해보자. 만약에 홍임이 딸이 아니라 아들이었다면 어땠을까? 그랬다면 홍임이는 마재에서 쫓겨나지 않았을 것이다. 서출이라 벼슬을 하지는 못했겠지만, 다산의 가르침을 받으며 아버지 곁에서 살았을 것이다. 육아휴직을 사용한 후에 직장으로 복귀하지 못한 여성들도 마찬가지다. 그들이 여성이 아니라 남성이었다면 육아휴직을 사용한 뒤 직장에 복귀하지 못하는 불상사는 생기지 않았을 것이다. 아니, 애초에 육아휴직을 사용할 일이 없었을지도 모른다. 그러나 여성은 '여성'이라는 이유로 강요되는 많은 것들 때문에 자신의 이름을 지우며 살고 있다.

홍임은 경력 단절 여성들만을 대변하지 않는다. 장애를 가졌다고, 병력이 있다고, 나이가 많거나 적다고, 신체 조건이 다르다고, 출신 국가가 다르다고, 혼인을 했거나 하지 않았다고, 종교가 다르다고 차별받는 모든 이의 이름이다. 기울어진 운동장 아래에 서 있는 이들을 대변하는 이름인 것이다. 세상의 모든 홍임은 평평한 운동장에 서길 원한다. 그곳에서 모두와 함께 공을 차길 원한다. 그러나 이런 날이 오는 것은 요원해 보인다. 기울어진 운동장 아래 있는 홍임을 모른 척하는 사람들이 있기 때문이다. 그럼에도 불구하고 누군가 세상에 수많은 홍임이 있다는 걸 기억한다면, 그들의 입장에서 생각하고 말할 수 있다면 평평한 운동장을 만들 수 있지 않을까? 세상의 모든 홍임이에게 함께 성장할 여건을 만들어 주는 것, 그것이야말로 홍임이의 존재를 인정하는 방법임을 기억하자.

부모님께 관심을 가져라

두 아들에게 부침

어버이를 섬기는 데는 마음을 받드는 것養志이 가장 중요하다. 그러나 부인들의 마음은 의복이나 음식, 거처에 있으니, 어머니를 섬기는 경우에는 작고 세세한 것에 유의하는 것이 효도의 첩경이 될 것이다. 《예기》〈내칙內則〉편에 보면 음식에 관한 소소한 절목이 많으니, 성인이 가르침을 세울 때 세상 물정을 잘 알아서 현실과 동떨어져 있거나 뚜렷하지 않은 미묘한 곳에서 시작하지 않는다는 것을 알 수 있다. 근래 사대부 집안의 부녀들이 부엌에 들어가지 않은 지 오래되었다. 한번 생각해 보거라. 부엌에 들어가는 것이 무엇이 해로우냐? 그저 잠깐 연기를 쏘이고서 시어머니가 흐뭇해하는 마음을 얻어 효부가 되고 법도 있는 집안의 모양을 내보이게 될 것이니, 또한 효도이며 지혜가 아니겠느냐.

그리고 새벽에 문안드리고 저녁에 잠자리를 보살피는 일 같은 경우에 만약 요 아래 바닥이 차다는 것을 알게 되거든 너희 형제는 노비를 불러 시키지 말고 스스로 헌솜을 가져다 불을 지펴 따뜻하게 하거라. 그 수고가 또한 잠깐 연기를 쏘이는 것에 지나지 않지만, 어머니의 흐뭇한 마음은 마치 맛있는 술을 드신 것과 같을 것이니, 너희가 어찌 이 일을 즐겨 하지 않을 수 있겠느냐!

하인들이 모자 지간과 고부 지간을 이간하게 되는 것은 대부분 아들이나 며느리가 그 효도를 제대로 다하지 못하여 어머니나 시어머니가 한탄하는 마음을 품게 되는 데서 비롯한다. 그리되면 저들은 그 틈을 엿보고 아주 힘을 내서 장 한 국자나 맛난 과일 한 개로 조그만 충성을 바치고서 골육 간에 거리를 만들어 사이를 막아 놓으니, 그 잘못은 자식에게 있는 것이지 전적으로 하인에게만 있는 것이 아니다. 아무쪼록 이 점을 생각하여 경계를 삼아 방법이란 방법은 다 써서 힘써 네 어머니의 마음을 기쁘게 하도록 하거라. 두 아들은 효자가 되고 두 며느리는 효부가 된다면, 나는 금릉金陵(유배지를 가리킴)에서 그대로 늙는다 해도 오히려 유감이 없을 것이니, 힘쓰도록 하여라.

‘심청’은 조선시대 셀럽이었다. 장터에서 소리꾼들의 목소리로 만나던 ‘효도’에 관한 셀럽. 유교의 나라였던 조선은 임금과 신하의 관계만큼이나 부모와 자식의 관계를 중요하게 여겼다. 효는 모든 행동의 기본이었고, 심청은 기본을 뛰어넘어 극한의 효를 보여준 선망의 대상이 되었다. 그러나 모두가 부모를 위해서 목숨을 바칠 수는 없었다. 부모들이 생각하는 효도의 정의도 달랐다. 유배지에 있던 다산은 자신이 원하는 효도가 무엇인지 알려주기 위해서 두 아들에게 편지를 썼다.

다산이 효도로 가장 중요하게 꼽은 것은 부모의 뜻을 거역하지 않는 것이었다. 부모의 마음이 어디에 있는지 살피고 그 마음을 잘 헤아리는 것을 효도라고 생각한 것이다. 여인들은 옷과 음식, 거처에 관심이 많으므로 어머니께 효도하려면 그 부분에 대해서 고민하라고 일렀다. 섬기는 사람은 사소한 일부터 챙겨야 효도로 가는 길에 들어서는 것이라며 《예기》의 〈내칙〉에 나와 있는 작은 예절들을 살피라 하였다. 그리고 며느리들에게는 부엌에 들어가 음식을 준비하며 어머니의 환심을 사는 것이 효도라고 했다. 다산은 사대부 부녀자들이 부엌에 들어가기를 꺼리는 현상을 꼬집고, 부엌에 들어간다고 해가 될 것이 없으며 잠깐 연기를 쏘이는 것으로 어머니의 마음을 기쁘게 할 수 있으니 효부가 되고 법도 있는 집안을 꾸릴 수 있는 좋은 방법이라 말했다. 또, 두 아들에게는 어머니의 잠자리를 살피며 요 밑에 손을 넣어 보고 바닥을 항상 따뜻하게 유지하라고 말했다. 이때 중요한 것은 어머니 방에 군불을 아들이 직접 때는 것이었다. 아들 또한 잠깐의 연기를 쏘이는 수고로움을 통해 어머니를 기쁘게 할 수 있으니 이보다 더 쉬운 효도가 없다며 왜 이런 일을 즐겨 하지 않느냐고 나무랐다.

음식을 마련하거나 어머니 방에 군불을 때는 일은 종들에게 시켜서 할 수 있는 일이다. 그러나 다산은 이런 일을 며느리나 아들이 직접 하면서 어머니께 관심을 두고 있음을 보여 주는 것이 중요하다고 말했다. 누군가에게 관심받는 일은 기분 좋은 일이니, 어머니를 기분 좋게 하는 일을 종들이 채 가지 않도록 항상 마음을 쓰라고 한 것이다. 다산은 고향 집에 남겨진 자신의 부인이 불효하는 아들과 반목하는 며느리 때문에 한탄하길 원하지 않았다. 부모 자식 사이가 소원해지면 그 사이를 종들이 비집고 들어와 환심을 사고, 결국에는 부모 자식 사이가 더 멀어질 텐데, 이는 종들의 잘못이 아니라 어머니를 잘 챙기지 못한 아들과 며느리 탓이라며 어떤 방법을 생각해서든 어머니를 항상 기쁘게 해드려야 한다고 강조했다. 그리하여 두 아들이 효자가 되고 며느리가 효부가 된다면 자신은 유배지인 강진에서 늙어 죽는다고 해도 여한이 없다고 말이다.

조선시대에야 군불을 때드리며 효도를 할 수 있었지만, 21세기에 사는 우리는 땔감을 가져다 아궁이에 불을 지피며 효도할 수 없다. 어느 광고의 카피처럼 부모님 집에 보일러는 바꿔드릴 수 있지만, 이 또한 경제적으로 여유 있게 자립해야 가능하다. 그래서 21세기의 효도는 '돈'이 한다고 해도 과언이 아니다. 인터넷 창에 '효도'를 넣고 검색하면 효도상품이 쏟아져 나온다. 효도여행, 효도검진, 효도폰, 효도신발, 효도가전 등 모든 상품에 '효도'라는 단어가 붙어 이것을 사드려야 효도를 하는 것이라고 압박한다. 돈 없으면 자동으로 불효자가 되는 세상이다. 해마다 돌아오는 어버이날이 부담스러운 것도 '경제력' 때문이다. 그런데 효도는 꼭 금전을 기반으로 해야 하는 걸까?

사회경제학자 전영수는 《각자도생 사회》에서 '효도의 재구성'을 제안한다. 전통적인 효도가 자녀가 부모를 향해 일방적으로 하는 효도였다면, 21세기의 효도는 자녀와 부모가 함께 하는 상호성을 지녀야 한다고. 어차피 금전으로 할 수 없는 효도라면 다른 방식으로 행복 총량을 늘리자는 것이다. 그 시작은 '내 행복이 가장 큰 효도'라는 인식에서 출발한다. 내가 나의 삶을 제대로 누리는 것이 부모에 대한 효도라는 것이다. 전영수는 이런 효도의 재구성을 '갈라서기'가 아닌 '홀로서기'라고 명명한다. 긴밀하게 연결하면서도 적당히 거리를 두는 것이 '효도의 재구성'이라고.

'효'를 나타내는 한자 '孝'는 자식이 늙은 부모를 업고 있는 모양이라고 한다. 그런데 이 글자를 자세히 들여다보면 자식이 부모를 업고 있다기보다 양팔을 뻗은 자식이 부모를 안으려고 하는 것처럼 보인다. 마치 그동안 나를 안아 키우셨으니 이제는 내가 안아드리겠다는 다짐이 보이는 것도 같다. 그렇다고 부모를 날마다 안고 있을 수는 없다. 요즘 부모들도 그걸 바라지 않는다. 그들도 '빈 둥지 증후군'에서 벗어나 독립하기를 꿈꾼다. 제 한 몸 챙기기 힘든 세상에서 버티고 있는 자녀들에게 신세 지고 싶어 하지 않는다. 이런 부모들이 바라는 것은 단 하나, '정서적 지지'다. 어떤 일이 있을 때 함께 의논해 주고, 마음을 나누고, 가끔 얼굴을 마주하고 밥 한 끼를 같이 먹는 일. 아니 그것도 힘들다면 마음에서 우러나는 '따뜻한 말 한마디'면 충분하다고 말한다. 21세기의 부모들이 바라는 효도 또한 다산이 말했던 '사소한 관심'이 아닐까?

자, 그렇다면 효도 한번 제대로 해 보자. 부모님에 대한 사소한 것들을 챙겨 보자는 것이다. 부모님이 좋아하는 TV 프로그램은 무엇인지, 어떤 연예인을 좋아하는지, 발 사이즈와 옷 사이즈는 어떻게 되는지, 좋아하는 색상과 취미는 무엇인지 하나하나 기록해 두었다가 필요할 때 비장의 무기처럼 꺼내서 쓰자. 효도란, 부모님을 정성껏 잘 섬기는 일이니 하나씩 모은 정보들로 부모님의 마음에 만족을 드리는 것도 섬김이 아닐까? 평생 동안 자식의 마음을 헤아려 필요한 것을 채워주셨던 부모님께 이제 우리도 마음 한 번 제대로 써

보자는 뜻이다.

요즘 부모님들 사이에서 최고의 셀럽은 트로트 가수라고 한다. 그러나 잊지말자! 아무리 트로트 가수가 TV에 나와 목소리로 효도를 해도, 우리 부모님에게 진정한 '셀럽'은 나라는 걸! 지금 이 시간에도 부모님은 우리의 관심을 기다리고 있다는 걸 말이다.

힘이 되는 사람을 알아보는 눈

안릉의 정헌께 올림

국상의 슬픔이 한없는데 계절은 여러 차례 바뀌었습니다. 승하하실 때 따라가지 못하고 하늘을 우러르고 땅을 굽어보자니 애통한 마음을 어찌 말로 하겠습니까? 삼가 은혜로운 말씀이 여전히 귀에 들리는 듯하여 온 집안이 감읍하고 있는데 갑자기 이런 상황에 이르게 되었으니 원통하게 울부짖는 것이 일반 백성의 배는 더합니다. 실로 그리운 마음 간절합니다.

초한初寒에 어떻게 지내시는지요? 저는 달포 전에 제 고향 초강苕江의 옛집으로 돌아왔습니다. 형제들은 우선 다행히 무사합니다. 일전에 국상에 곡하는 신하의 반열에 나아가려 서울에 왔는데 가고 오는 길에 그저 눈물만 흐르는 것을 억누를 뿐이었습니다.

선생의 문집은 그 사이 슬픔과 번잡함 때문에 아직 다 마치지 못해서

부득이 초강 집으로 가지고 왔으나 1년 안에는 베껴 써서 모아 두는 것이 여의치 못할 것 같습니다. 사정을 좀 봐주셔서 제가 마음 놓고 볼 수 있게 해주시면 어떻겠습니까? 《안릉세전》[58]은 볼 길이 없으니 참으로 안타깝습니다. 지금 한창 추위로 병이 들어 몸져누워 고통스러워하고 있으니, 갖추지 못합니다. 삼가 살펴 주십시오.

두 아들에게 부침

몹시 기다리던 중에 편지가 오니 마음에 깊이 위로가 된다. 무장武牂(큰아들 정학연의 아명)의 병은 아직도 다 낫지 않아 여증餘症이 있고 어린 딸의 상태도 점점 악화되어 간다고 하니, 매우 걱정스럽다. 나는 약을 복용한 뒤로는 대체로 약간 나아져서 가슴이 울렁이고 불안한 증세와 몸을 곧게 펴지 못하는 증세는 호전되었으나 다만 왼팔은 아직 정상으로 돌아오지 않았다. 그러나 이것도 차차 나아질 것이다. 다만 이달에 공적으로나 사적으로 애통한 마음 가득하여[59] 밤낮으로 추모하고 있으니, 대체 나는 어떤 사람이기에 이러하단 말인가! 이만 줄인다.

58 《안릉세전(安陵世典)》은 안릉 이씨(安陵李氏) 갈암(葛庵) 이현일(李玄逸)과 그 아들인 밀암(密庵) 이재(李栽) 등 여러 선생이 논한 예설을 담은 책이다. 이유원(李猷遠)이 편찬하였고, 사제 간으로 통혼으로 이 집안과 관계 깊은 김낙행(金樂行)이 발문을 썼다.

59 공적인 애통은 정조 임금의 죽음에 대한 애도를, 사적인 애통은 형 정약종의 죽음을 말하는 듯하다.

누군가에게 인정받는 일은 기분 좋은 일이다. 인정받기를 갈구하는 파에톤 콤플렉스를 가진 사람이 아니더라도 누군가에게 인정받는다는 것은 나를 충만하게 한다. 심리학자들은 말한다. '소중한 관계가 나를 인정'하면 그 어떤 욕구도 무의미한 것이 된다고. 그만큼 특별한 관계를 맺은 사람에게 받는 인정은 큰 힘을 발휘한다는 뜻이다. 다산에게도 모든 재능을 펼치도록 그를 인정해 준 특별한 사람이 있었다.

다산이 정조를 처음 만난 것은 1783년 초시를 거쳐 회시에서 생원으로 합격했던 때였다. 선정전에서 다산을 만난 정조가 다산에게 '나이가 몇이냐'고 물었고, 질문에 답하며 다산은 정조의 얼굴을 처음 보았다. 그 후, 정조는 태학생들에게 《중용》에 관한 80여 개의 의문점을 조목별로 답하게 했는데, 다산의 답변을 1등으로 꼽았다. 그 후 여러 시험에서도 다산은 두각을 나타냈고, 정조는 그를 어여삐 여겼다. 다산이 과거에 급제한 후, 정조는 다산이 재능을 맘껏 펼칠 수 있도록 많은 기회를 주었다. 한강을 건널 수 있는 배다리를 설계하고 했고, 부친상을 치르며 마재에 여막을 치고 살고 있을 때는 사람을 보내 여러 차례 안부를 물었다. 그리고 수원화성을 짓는 방법을 연구해 아뢰라고 이르기도 했다. 아마도 곡을 하며 지내는 3년 동안, 꿈을 펼치지 못할 다산이 안타까워 마음을 썼을 것이다. 그 후로도 정조는 여러 차례 다산을 끌어안았다. 여러 사람이 다산을 사학의 무리로 지목했을 때도 다산을 믿었고, 그가 동부승지 사직상소를 올렸을 때도 '여러 사람을 감동시키기에 충분한 말'이라며 추켜세웠다. 또, 그를 곡산부사로 보내면서도 '근심하고 슬퍼하지 말라'며 '가서 있으면 장차 부를 테니 서운해하지 말라'고 그를 다독였다.

정조는 다산을 가까이 두고 싶어 했다. 그의 뛰어난 재주가 국정운영에 많은 도움이 되리라 믿었기 때문일 것이다. 그러나 다산을 향한 정조의 마음을 헤아리다 보면 그게 꼭 다산의 능력 때문일까 하는 의문이 들곤 한다. 능력으로 치자면 당대의 천재라고 꼽히던 이가환이 더 출중했기 때문이다. 어쩌면 정조는 다산의 삶이 자신의 삶과 맞닿아 있음을 깨닫고 그를 아꼈는지도 모른다. 아마도 아버지 사도세자가 세상을 떠났던 임오년에 세상에 온 다산이 예사롭지 않게 느껴졌을 것이고, 해미로 귀양을 갔다 오는 길에 온양에 있는 행궁에 들러 방치되어 있던 사도세자의 유적을 정비한 그가 대견했을 것이다. 게다가 수원 화성으로 옮긴 아버지 사도세자의 묘를 찾아갈 때도 다산이 만든 배다리를 밟고 갔으니 마음이 더 기울지 않았을까. 어쩌면 정조는 다산을 아버지 사도세자와 자신을 잇는 연결고리라고 생각했는지도 모른다. 그래서 다산을 마음에 들여놓고 아꼈을 것이다.

다산 또한 정조의 사랑을 알고 있었다. 임금이 내리는 술을 받으면서도, 유배를 떠났다 열흘 만에 다시 돌아오면서도, 배다리를 만들고 화성 쌓는 방법을 연구하면서도 다산은 정조의 사랑을 알아차렸을 것이다. 그중에서도 다산이 정조의 사랑을 가장 크게 느꼈던 때는 1800년 봄이 아니었을까 싶다. 1800년 봄, 다산은 여기저기서 자신의 목을 조여 오는 사람들을 피해 고향으로 돌아와 있었다. 이 소식을 들은 정조는 '내가 어찌 그를 버리겠느냐'며 다산에게 사람을 보냈다. 내각의 서리는 다산에게 정조가 내린 《한서선》 10부와 함께 임금의 유지를 전했다. 정조는 다산에게 안부를 물으며, '주자소가 새로 벽을 발라 아직 마르지 않았으니, 그믐께 들어오라'며, '보내는 책 중에 다섯 부는 집안에 남겨 두고, 나머지 다섯 부는 책 제목을 써서 다시 들여보내라'고 일렀다. 다산은 정조가 보낸 마음에 감격하여 눈물을 흘렸다. 끝까지 자신을 믿어 주고, 곁에 두려고 애쓰는 임금의 마음에 한없이 감사하고 감사했기 때문이다. 그러나 다산은 끝내 정조를 만날 수 없었다. 다산에게 사람을 보냈던 정조가 세상을 떠났기 때문이다. 다산은 책을 보내며 '곧 만나자'는 뜻을 보냈던 임금을 가슴에 묻어야 했다. '그믐께 들어오라'던 정조의 말은 '이별의 말'이 되어 다산의 가슴에 박혔고, 다산은 그 가슴을 치며 통곡했다.

다산의 애통한 마음은 그가 쓴 몇 통의 편지에서도 알 수 있다. 1800년 9월, 다산은 정헌의 문집을 빌려 베껴 쓰고 있었던 모양이다. 그러나 정조의 승하로 깊은 슬픔에 잠겼던 탓에 일이 손에 잡히지 않아 예정대로 돌려줄 수가 없었다. 그래서 시일을 더 달라고 부탁하는 편지를 썼는데, 그 안에 다산의 애통함이 절절히 배어있다. 다산은 정헌에게 세상을 떠난 정조의 말이 여전히 귓가에 들리는 듯하고, 그리운 마음이 간절하다며 원통함을 호소한다. 다산에게 정조의 죽음은 보통 백성보다 그 슬픔이 배는 더한 것이었다. 다산은 일전에 국상에 나가 곡을 하고 오다가 눈물이 흐르는데 억누를 수밖에 없었다며 자신의 심경을 고백한다. 정조의 승하 이후 다산은 슬픔과 번잡함 때문에 아무 일도 하지 못한 것 같다. 때마침 추위에 병이 들어 몸져누웠다고 한 걸 보니, 마음의 병이 몸까지 장악한 게 아닐까 싶다.

정조의 장례가 끝나고, 숙청의 칼을 뽑아 든 정순왕후에 의해 다산은 장기로 유배를 떠나게 된다. 그곳에서 정조 승하 1주기를 맞은 다산은 아들에게 편지를 쓰며 고통스러운 마음을 전한다. 이번 달 들어서 이래저래 애통한 마음이 가득하여 밤낮으로 추모하고 있으니, 대체 나는 어떤 사람인지 모르겠다고. 다산은 이런 일을 떠올리는 것조차 고통스러웠는지 '이만 줄인다'며 편지를 급하게 마무리해 버린다. 다산은 정조의 승하 1주기를 맞이하며 무척 힘들어했다. 자신의 처량한 신세가 정조의 죽음에서 비롯되었다는 생각도 있었겠지만, 그보다 자신을 알아봐 주었던 한 사람이 지금 여기에 없다는 고통이 더 컸을 것이다. 자신을 그토록 아껴 주었던 임금이 이 세상에 없다는 것, 나를 알아봐 주고 사랑해 주던 사람이 세상에 존재하지 않는다는 고통이 온몸에 번졌을 것이다. 정조와 다산은 국정을 함께 논하는 임금과 신하였으며, 학문을 같이 논하던 동료였고, 마음을 같이 나누는 지기였다. 때로는 군신의 의리로, 때로는 동료애로, 때로는 우정으로 서로를 믿었던 것이다.

다산에게 정조는 자신을 알아봐 주는 존재였다. 다산이 가진 가능성을 알아보고 능력을 펼칠 수 있는 기회를 주었으며, 다산을 인정해주었다. 자신을 알아봐 준 정조 덕분에 다산은 예전과 다른 삶을 살 수 있었다. 살면서 정조 같은 친구를 만나는 것은 얼마나 큰 축복일까? 내가 '나'로 살아갈 수 있도록 끝까지 믿고 응원해 주는 단 한 사람이 있다는 것은 말이다. 그러나 이런 축복은 아무에게나 오지 않는다. 그 사람을 알아보는 눈을 가지고 있는 사람에게만 찾아온다. 내가 먼저 누군가를 인정해야 인정받을 수 있다는 이야기다. 그러니 이제부터라도 '보는 눈'을 가져보자. 허투루 봤던 친구들의 모습도 다시 보고, 그냥 지나쳤던 말 한마디에도 관심을 가지고, 나를 알아봐 줄 사람이 어디에 있는지 찾아보자. 한 사람을 알아보는 눈을 가지려고 노력하는 것, 그것이 나를 알아보는 사람을 만나는 유일한 방법임을 기억하면서.

그리운 이름을 꺼내 보자

중씨께 올림

옛날 장기에 있었을 때 남고[60]께서 시 한 수를 보내왔는데, 그 음조가 격앙되고 비장하였습니다. 몇 년 뒤에 초천에 이르러 제 시를 읽으시고는 눈물을 흘렸답니다. 그 뒤로 여러 차례 시와 글을 보내왔기에 또한 그에 화답하지 않을 수 없었습니다.

인백은 전에 남산에 꽃버들 만발하던 날 성재 등[61]과 술을 마시고 크게 취하여 우리 형제를 찾으면서 큰 소리로 목 놓아 울었다고 합니다.

---

60 남고(南皐)는 다산의 외가 친척인 윤지범(尹持範)의 호이다. 1801년에 윤규범(尹奎範)으로 이름을 고쳤다. 채제공(蔡濟恭)으로부터 문장이 씩씩하면서도 아름답다는 평을 받았으며, 시에도 조예가 깊어 다산을 비롯한 정약전·한치응(韓致應)·채홍원(蔡弘遠)·윤지눌(尹持訥) 등 당대의 문인들로부터 사백(詞伯)으로 추대되기도 하였다. 《다산시문집(茶山詩文集)》 권16 〈남고윤참의묘지명(南皐尹參議墓誌銘)〉

그렇지만 소식의 왕래는 영영 끊겼습니다.

수태受台 이익운李益運께서 주신周臣 이유수李儒修를 만나 저에 관한 이야기가 나오자 눈물을 흘리셨답니다. 그 뒤에 규백奎白 윤상현尹尚玄이 올라가자 또한 이곳에 대해 그리워하는 말씀을 많이 하셨답니다. 해보徯父 한치응도 소식이 있었습니다.[62]

61 인백(仁伯)은 강이원(姜履元)의 자이다. 다산 형제의 친구로 1787년(정조 11년) 반촌(泮村)의 김석태(金石太) 집에서 이승훈·정약용 등과 함께 천주교리를 강습하던 중 동료인 이기경에게 발각되면서 일대 소동을 일으킨 정미반회사건(丁未泮會事件)의 주역이다. 성재(聖在)는 누구인지 불분명하다.

62 이 글에 등장하는 인물들 모두 앞의 글과 함께 모두 정약용 형제들과 시와 글로 교유를 나누었던 인물들이다.

옛 친구들이 '추억'으로 소환될 때가 있다. 친구들과 함께 불렀던 노래를 듣게 되거나, 그들과 함께 찍은 사진을 발견할 때, 혹은 철저하게 혼자라는 외로움에 싸일 때. 우리는 어린 시절을 함께했거나 인생의 고비마다 손을 내밀어 주었던 친구의 이름을 떠올린다. 다산에게도 오래된 친구가 그리운 날이 있었다. 함께 계절을 느끼고 시를 읊던 친구들이었다.

서울에 있는 명례방에 살던 시절, 다산은 친구들과 모여 시 모임을 만들었다. 당시 다산의 집 마당에는 대나무에 둘러싸인 난간이 있었고, 그 안에는 철마다 앞다투어 피는 온갖 꽃들이 있었다. 이 집을 다산은 '죽란'이라 불렀고, 그곳에서 친구들과 모여 시를 짓는 모임을 '죽란시사竹欄詩社'라 하였다. 죽란시사는 채제공의 아들인 채홍원과 다산이 주도해 만든 모임이었다. 이 모임에는 같은 연배의 사람들이 모였는데, 다산과 동갑부터 네 살 차이가 나는 사람들까지 있었다. 이들은 모두 남인으로 다산의 집에 모여서 시를 읊곤 했다.

죽란시사에 속한 열다섯 명의 선비들은 1년에 예닐곱 번을 만났다. 그들이 정한 규칙에 따른 것이었다. 먼저 살구꽃이 피면 새해 첫 모임을 가졌고, 복숭아꽃이 피면 꽃에 앉은 봄을 보기 위해 만났다. 한여름 참외가 익으면 여름의 맛을 보기 위해 모였고, 바람이 서늘해지면 서대문에 있는 연못인 서지에 피는 연꽃을 보기 위해 만났다. 가을에는 국화를 보기 위해 만났고, 국화가 피어있는데 큰 눈이 내리면 국화 위에 내려앉은 눈을 구경하기 위해 다시 만났다. 그리고 겨울을 뚫고 매화가 꽃망울을 터뜨리면 함께 마주 앉아 시를 읊었다.

윤지범도 다산의 집에서 친구들과 함께 시를 읊곤 했다. 그는 다산의 외가 친척이었는데, 다산이 장기에 유배되어 있을 때 다산을 위로하는 시를 보냈다. 모두가 다산과의 관계를 부정하며 몸을 낮추고 웅크리고 있을 때 윤지범은 유배지에서 쓸쓸하게 있을 다산을 생각하며 시를 적어 보낸 것이다. 그는 시 속에 '너무 자조하지 말고, 죽지 말고 살아남아 후대에 그 학문을 전하라'는 마음을 담았다. 윤지범은 다산이 강진에 유배된 뒤, 원주에서 배를 타고 마재에 찾아가 다산이 그동안 두 아들에게 보낸 시들을 살펴보며 눈물을 흘렸다. 그 후에도 윤지범은 여러 차례 시와 글을 다산에게 보냈는데, 다산도 답하는 시를 써서 보냈다고 한다.

다산은 정약전에게 옛 친구들이 그립다는 편지를 쓰면서, 윤지범의 이야기를 가장 먼저 꺼내 놓는다. 장기에 유배되어 있을 때부터 강진에 유배되어 있는 지금까지도 잊지 않고 소식을 전하는 친구이기에 '벗'이라는 단어를 떠올리면서 가장 먼저 생각했을 것이다. 다산은 윤지범에 대한 짧은 글을 적고, 뒤에 다산 형제의 친구였던 강이원이 술을 마시다 다산 형제를 찾으며 대성통곡했다는 이야기며, 이익운이 다산의 평생 친구였던 이유수와 이야기를 나누다 다산의 이야기가 나오자 눈물을 흘렸다는 소식, 그리고 죽란시사에 속해 있던 한치웅이 소식을 전해 왔다는 것을 적는다. 다산은 형에게 편지를 써 아직도 여전히 다산 형제를 잊지 않고 기억해 주는 친구들이 있다는 것을 알려 주었다.

이 친구들은 다산의 유배가 풀린 후에도 우정을 이어 갔다. 특히 윤지범과 이유수는 세상을 떠날 때까지 교류했다. 다산이 해배된 뒤, 윤지범은 원주에서 마재로 찾아와 사흘 동안 다산과 함께 머물며 회포를 풀었고, 이유수는 다산이 고향으로 돌아오자 '벗이 돌아오니 이제 내가 세상 살 맛이 난다'며 다산을 만나 20여 년 동안 가슴에 담았던 울분을 풀었다. 윤지범은 1821년에 사망했는데 그의 아들 윤종걸이 윤지범의 시와 글을 가지고 다산을 찾아왔다. 윤지범의 문집을 편찬하는 일을 다산이 맡아 주기를 바라서였다. 그러나 다산은 거절했다. '저승의 사람과 마찬가지'인 자신이 윤지범에게 누를 끼칠 것이 걱정된다는 게 이유였다. 다만, 다산은 윤지범의 아들에게 무덤 속으로 들어가 세상에 알려지지 않을 묘지명은 자신이 직접 쓰겠다고 말하고 약속을 지켰다. 다음 해인 1822년 이유수도 세상을 떠났다. 이유수의 묘지명도 다산이 적었는데, 그가

1820년에 '친하게 알고 지내는 사람이 오직 정약용밖에 없느냐'고 물은 이조판서의 말에 '그렇다'고 답한 일화를 기록했다. 다산이 떠난 사람의 덕과 공로를 적는 묘지명에 자신과 이유수에 얽힌 일화를 적은 것은 이유수가 지녔던 깊은 우정을 영원히 남기고 싶었기 때문이 아닐까?

다산에게 우정은 의리였고 그리움이었다. 임금의 총애를 받아 이름을 날리던 시절보다 유배지에서 하루하루를 견디며 살 때 자신을 기억해준 친구들의 마음이 '의리'였고, 그들의 이름은 '그리움'이었다. 떨어져 지내보니 어떤 것이 진짜고 어떤 것이 가짜인지 보였다. 수많은 관계에 둘러싸여 있을 때는 보이지 않았던 것이 홀로 있으니 반짝 빛을 냈다. 다산은 유배인의 삶을 사는 자신을 여전히 기억하고 있는 친구들의 이름을 '우정'이라 불렀다.

우정은 세상일에 둘러싸여 영혼의 행방을 찾을 수 없을 때가 아니라, 혼자 머물며 영혼과 마주할 때 더 자세히 들여다볼 수 있다. 다산 또한 홀로 머물며 자신의 영혼과 마주 앉아 친구들의 이름을 떠올렸다. 그들을 통해 자신의 삶을 비추어 본 것이다. 우정이라는 방은 전면이 거울로 되어 있어서 평소에는 볼 수 없었던 내 모습을 다각적으로 볼 수 있다. 세상이 규정해 놓은 내 모습이 아니라, 무장해제된 원래의 나를 만날 수 있다. 다산이 유배지에서 끊임없이 친구들을 생각하고 떠올린 것은 어쩌면 그들을 통해서 자신의 진짜 모습을 발견할 수 있었기 때문이 아닐까? 온갖 세상일에 맞서 무장하고 있는 내가 아니라, 작은 일에 기뻐하고, 서로의 마음을 들여다보며 위로를 받고 위로가 되어 주던 나 말이다.

고독이 찾아올 때 우정의 방에 있는 친구의 이름을 불러 보자. 힘들고 어렵던 시절에 나를 기억해 준 친구, 나의 암울한 소식에 함께 슬퍼하고 나의 기쁜 소식에 박수를 치며 크게 환호해 준 친구를. 오랜만에 묻는 안부가 멋쩍을지 몰라도 우정은 결코 한 사람의 힘으로 지속될 수 없으며, 두 사람이 함께 오가며 만들어야 한다는 걸 기억한다면 작은 용기가 나지 않을까. 유배지에 있던 다산에게 소식을 전한 친구들처럼, 오늘은 내 마음의 유배지에 살고 있는 그리운 이름에게 안부를 전해 봐도 좋겠다.

주고 또 주는 삶

두 아들에게 부침

너희들은 편지에서 항상 일가친척 중에 돌봐 주고 긍휼히 여겨 주는 이가 한 사람도 없다고 하면서, 구당의 염예를 들먹이기도 하고 태항의 양장을 들먹이기도 하는데,[63] 이는 모두 하늘을 원망하고 남을 탓하는 말이니, 정말 큰 문제이다. 내가 벼슬할 때 우환과 질병이 조금만 있어도 번번이 다른 사람들의 도움을 크게 입었으니, 날마다 찾아와서 차

63 중국 사천성(四川省)의 구당협(瞿唐峽) 어귀에는 염예퇴(灩澦堆)라는 커다란 바위가 우뚝 솟아 있는데, 이 일대는 격류 때문에 옛날부터 뱃길이 험난한 곳으로 알려져 있다. 양장(羊腸)이란 양의 창자처럼 꼬불꼬불하다는 비유로 그런 걷기 힘든 비탈길을 양장판(羊腸坂)이라 한다. 태항산(太行山)은 길이 험하기로 유명한데 그중에서도 산서성(山西省)에 있는 양장판(羊腸坂)은 특히 유명하다. 두 비유 모두 신세가 기구하다는 것을 나타내는 표현이다.

도가 있는지 묻는 이도 있었고 돌보아 주고 부축해 주는 이도 있었으며 약을 보내오는 이도 있었고 양식을 대어 주는 이도 있었다. 너희들은 이런 일들을 익히 보아 왔으므로 남의 은혜를 바라는 마음이 있고, 빈천한 자의 본분이 예로부터 오늘날까지 원래 남의 보살핌을 얻는 법이 없다는 것을 모르는구나. 더구나 여러 일가친척들이 예전부터 모두 서울과 지방에 흩어져 살아서 서로 따뜻한 정이 없으니, 요즘처럼 서로 공격하지 않는 것만도 후히 대해 주는 것이라 할 것인데, 어찌 도움을 바랄 수 있겠느냐. 더구나 너희들이 오늘날 이렇게 쇠잔하고 망가진 처지이기는 하나 여러 친척들에 비하면 오히려 부유하다 할 것이다. 다만 저들까지 도와줄 힘이 없을 뿐이다. 아주 가난하지도 않지만 남을 도와줄 힘은 없으니, 이는 즉 남의 도움을 받을 처지가 아니라는 뜻이다. 범사에 가정에서 신경 써서 조치한 것을 모두 따르고 남의 은혜를 바라는 마음을 완전히 끊어 버린다면 자연히 심기가 화평해져서 하늘을 원망하고 남을 탓하는 나쁜 버릇이 없어질 것이다.

일가 중에 며칠째 끼니를 챙기지 못하는 이가 있으면 너희는 조금이나마 양식을 내어 구제해주었는지 모르겠구나. 눈 속에 얼어 쓰러진 이가 있으면 너희는 땔나무 한 묶음 나누어 따뜻하게 해주었는지, 병이 들어 약을 복용해야 하는 이가 있으면 너희는 작은 돈이라도 내어 약을 지어 일어나게 해주었는지, 늙고 곤궁한 이가 있으면 너희는 종종 찾아 뵙고 단정히 시중을 들며 공경했는지, 우환이 있는 이가 있으면 너희는 한가득 걱정스러운 얼굴로 기꺼이 그 수심 깊은 고통을 나누며 잘 해결할 방법을 함께 의논했는지 나는 궁금하구나. 너희가 이 몇 가지 일도 못하였다면 어떻게 여러 일가에서 서둘러 와서 너희들의 위급하고 어려운 사정을 돌보아 주기를 바랄 수 있겠느냐? 내가 남에게 베풀지 않은 것으로 남이 먼저 나에게 베풀어 주기를 바라는 것, 이는 너희 안의 거만한 뿌리가 아직도 뽑히지 않았기 때문이다.

이후로는 유념하여 평상시에 공손하고 화목하며 근신하고 진실하여 힘써 여러 일가의 기쁨이 되도록 하고, 절대로 마음속에 보답을 바라는 여지를 남겨 두지 말도록 하거라. 그리고 이후로 너희에게 우환이 있는데 저들이 은혜를 갚아 돌보아 주지 않더라도 너희는 절대 마음에 한을 품지 말고 오로지 너그럽게 용서하여, '저 사람이 마침 도울 수 없는 사정이 있거나 아니면 도와줄 힘이 없구나.'라고 생각하고, 절대로 입에 경솔한 말을 올려 '나는 전에 이렇게 저렇게 해주었는데 저이는 저렇게 이렇게 하는구나.'라고 하지 말아라. 이런 말을 한번 해 버리면 그동안 쌓았던 공이며 덕이 하루아침에 바람에 재가 날아가듯 날아가 버리고 말 것이다.

인간관계에 대해 말할 때 '기브 앤 테이크'가 자주 언급된다. 주는 만큼 받아야 관계가 유지된다는 생각 때문이다. 그러나 다산은 누군가에게 베풀 때 되돌려 받을 것을 생각하는 것을 경계했다. 베풀 때는 주는 것에서 끝나야지 보상을 바라면 줄 때의 선한 마음이 재가 된다고 믿었기 때문이다. 다산은 두 아들이 돌려받을 것을 생각하지 않고 베푸는 사람으로 살기를 바랐다. 그래서 '기브 앤 기브'의 철학이 담긴 편지를 썼다.

집안의 어른인 아버지가 유배지로 떠나고, 패가망신한 집에 남겨진 두 아들의 삶은 녹록지 않았을 것이다. '대역죄인의 아들'이라는 손가락질도 견디기 힘들었을 것이고, 누구 하나 나서서 돌보아 주는 이가 없는 것도 서러웠을 것이다. 다산의 4형제 중에 조정의 태풍에 휩쓸리지 않은 사람이 없었다. 큰형 정약현은 사위 황사영이 사형을 당하고, 딸과 손자가 유배지로 끌려갔으며, 둘째 형 정약전은 흑산도에 유배당했다. 셋째 형 정약종은 아들과 함께 형장의 이슬로 사라졌고, 다산은 강진에 유배되어 살아가는 처지가 되었다. 상황이 이렇게 되자 다산이 조정에 있을 때 문지방이 닳도록 드나들던 지인들은 등을 돌렸다. 마재의 두 아들은 하루아침에 몰락한 자신의 집안을 생각하며 개탄했다. 그러나 집안이 무너진 것보다 아무도 자신들을 긍휼히 여기지 않는다는 게 더 서러웠는지 자신들의 신세를 한탄하는 편지를 써 아버지에게 보낸다.

아들의 편지를 받은 다산은 다른 사람들의 도움을 기대하지 말라는 답장을 보낸다. 자신이 벼슬을 할 때야 작은 근심이나 질병에도 다른 사람들이 관심을 가지고 도와주었으나 그것은 당연한 일이 아니라고 말한다. 원래 가난하고 천한 사람들은 다른 이의 도움을 받는 일이 없으며, 일가친척이 다 뿔뿔이 흩어진 지금 누구의 도움을 바랄 수도 없는 형편이니 기대하지 말라고 선을 긋는다. 그리고 덧붙인다. 집안이 망하긴 했으나 극심하게 굶어 죽을 정도의 가난한 삶은 아니니 도움을 받으려는 생각을 버리면 마음이 평안해지고 하늘과 사람들을 원망하는 일은 없을 거라고.

누군가의 은혜를 기대하지 말라던 다산은 이제 거꾸로 두 아들에게 주변을 살펴보면 여러 날 동안 밥을 짓지 못하는 사람들이 있을 텐데 약간의 곡식이라도 나누어 그들은 구제했느냐고 묻는다. 나아가 눈 속에 쓰러진 사람에게 장작을 피워 따뜻한 온기를 나누었는지, 병들어 약을 먹어야 하는 사람에게 약값을 보태어 주었는지, 가난한 노인이 있는 집에 찾아가 따뜻한 말 한마디 건넨 적 있는지, 근심 걱정이 쌓인 집에 가서 그들의 고통을 나누려고 노력한 적 있는지 하나하나 따져 묻는다. 그 후, 다른 사람에게 베풀지 않으면서 어떻게 남들이 너희에게 베풀 것을 기대할 수 있느냐며 혼쭐을 낸다. 그리고 혹시라도 이렇게 베풀었으나 상대방이 돕지 않는다 해도 공치사하지 말 것을 당부한다. 그런 말을 입 밖으로 내면 그동안 쌓았던 공덕이 재가 흩날리듯 날아가 버린다고 말이다.

다산은 두 아들이 남에게 기대어 살기를 바라지 않았다. 폐족이 된 이상 누구도 자신의 집안과 가까이하려 하지 않을 텐데, 괜히 다른 이들의 도움을 바라다 상처를 입게 될까 염려했던 것이다. 그러나 두 아들은 아무도 자신들을 돕지 않는다고 한탄했다. 아버지가 없으니 우리가 이렇게 처량한 신세가 되었다고 징징거린 것이다. 이런 아들들에게 다산은 우리는 비록 도움을 받지 못하나 우리의 도움이 절실히 필요한 사람들은 없는지 살펴보라며 타이른다. 받기만을 생각하는 아들들에게 주는 것을 생각하라고 한 것이다.

다산에게 나보다 못한 이웃을 돕는 것은 당연한 일이었다. 그것이 인지상정이라고 생각했기 때문이다. 그래서 다산은 두 아들이 다른 이들에게 도움받기보다 더 어려운 처지에 있는 사람을 도와주기를 바랐다. 자신의 가족도 그리 넉넉한 편은 아니지만 끼니를 거르고 배를 곯는 정도는 아니었기에 가진 것을 베풀 줄 알아야 한다고 생각했다. 다산에게 베푼다는 것은 '거저 주는 것'이었다. 훗날 되돌아올 무엇을 생각하고 주는 '거래'가 아니라 마음에서 우러나오는 진심을 주는 '선행' 말이다.

오늘날 '도움을 바라지 말고 베풀라'는 다산의 말이 더 귀하게 다가오는 것은, 보답을 바라지 않는 선행이 흔하지 않기 때문이다. 누군가를 도우면서도 '기부'와 '협찬'이라는 이름으로 브랜드를 홍보하고, 사전에 그 효과를 계산하는 세상이니 말이다. 그런 의미에서 자신의 모든 것을 철저하게 감추고 10년 동안 대구 시민을 도운 '키다리 아저씨'는 다산의 뜻을 제대로 이어간 사람이 아닐까 싶다.

2012년 1월, 한 사람이 대구공동모금회를 찾아왔다. 그는 1억 원을 건네며 기부자의 이름을 밝히지 말아줄 것을 당부했다. 그리고 앞으로 10년 동안 익명으로 기부를 이어가겠다며 약속했다. 그는 매년 12월마다 대구공동모금회를 찾아와 적게는 2천만 원에서 많게는 1억 5천만 원을 기부하며 2020년 12월까지 10억 3천5백여만 원을 쾌척했다. 그러면서도 자신의 모든 것을 철저하게 숨겼다. 가족들도 그의 기부 사실을 모를 정도였다. 누가 알아주길 바라서 한 일이 아니고, 그저 자신이 건넨 성금이 누군가에게 도움이 되기를 바랄 뿐이었기 때문이다.

누군가를 도울 일이 생길 때면 내 행동에 의미를 부여하고, 이 행동을 하면 어떤 이득이 돌아올지 계산하는 '기브 앤 테이크' 세상이다. 경조사만 생겨도 내가 한 만큼 되돌려 받기를 바라고, 커피 한 잔을 사면서도 다음에는 상대방이 살 거라고 생각한다. 내가 이만큼 했으니 상대방도 이만큼 하리라 기대하고, 나에게 도움을 받고

도 나에게 도움을 주지 않는 사람은 가차 없이 끊어낸다. 그러나 다산은 이런 시대에 살고 있는 우리에게 말한다. 진짜로 베풀 줄 아는 사람은 대가를 바라지 않는다고. 주고 또 주는 '기브 앤 기브'가 사람을 살리는 진짜 베풂이라고 말이다.

용서하는 용기를 가질 것

학유가 떠날 때 노자 삼아 준 가계

둘째 형님은 나의 지기셨는데, 전에 말씀하시기를,

"내 아우는 흠잡을 데가 없는데, 오직 국량이 작은 것이 흠이다."

하였다. 나는 네 어머니의 지기인데, 전에 말하기를,

"내 아내는 흠잡을 데가 없는데, 오직 아량이 좁은 것이 흠이다."

하였다. 너는 나와 네 어머니의 자식이니 아무래도 온갖 독충도 받아들이는 산림[64]처럼 넓은 도량을 가지기는 어려울 것이다만, 그렇다고는

64 산림의 원문은 산수(山藪)로 이는 "내와 못은 더러운 것을 받아들이고, 산의 숲은 독충들을 감추어 주고, 아름다운 옥은 흠결을 숨겨 간직하고, 나라의 임금은 더러운 것을 포용한다.[川澤納汚 山藪藏疾 瑾瑜匿瑕 國君含垢]"라는 《춘추좌씨전(春秋左氏傳)》 선공(宣公) 15년 조의 내용에 나오는 표현이다. 안 좋은 것들도 모두 포용한다는 의미로 사용된다.

해도 너는 너무 심하다. 이치로 볼 때 아들이 아버지보다 나아야 마땅한데 끝내 이와 같으니, 티끌같이 하찮은 것도 용납하지 못하는 정도일진대 하물며 넘실넘실 일렁이는 만경창파萬頃蒼波처럼 온갖 것을 포용하고 받아들일 수 있겠느냐?

도량의 근본은 용서에 있다. 용서를 잘 해낼 수 있다면 좀도둑이나 반란을 일으킨 무리도 참아 넘길 수 있을 것인데 더구나 여타의 일이야 더 말해 무엇하겠느냐.

빅토르 위고가 쓴 《레미제라블》의 주인공 장발장. 한낱 좀도둑에 불과하던 그를 개과천선시킨 사람은 미리엘 주교였다. 자신의 은접시를 가지고 도망갔다 잡혀 온 장발장에게 '은촛대는 왜 가져가지 않았느냐?'며 그마저 선물로 안겼던 사람말이다. 장발장은 미리엘 주교의 큰 도량에 감격해 새로운 사람이 될 것을 다짐한다. 미리엘 주교 입장에서야 '누가 네 오른뺨을 치거든 다른 뺨마저 돌려 대어라(마태오 5:39)'라는 예수님 말씀을 실천했을 뿐이겠지만, 그의 행동은 장발장의 영혼을, 나아가서 수많은 사람들의 영혼을 구하는 단초가 되었다. 아버지 다산도 두 아들에게 이 '단초를 제공하는 사람'이 되라고 했다. 용서하며 도량을 넓히라고 한 것이다.

1810년, 다산은 학유에게 가계로 남긴 편지에 '도량을 넓히라'는 글을 쓴다. 학유의 속 좁음이 걱정되었던 탓이다. 다산은 둘째 형 정약전에게 헤아리는 마음이 좁다는 이야기를 들은 적이 있었다. 형이 보기에 아우 다산은 특별히 흠잡을 곳이 없었지만, 오직 헤아리는 마음이 부족한 것이 흠이었다. 다산은 자신을 잘 알고 있는 형이 해 준 말이니 이것이 틀림없을 거라고 믿었다. 그런데 문제는 자신의 아내도 그런 흠을 갖고 있다는 것이다. 자신만 속이 좁으면 괜찮은데 부인까지 그런 성품이니 그 사이에서 태어난 학유는 오죽할까 싶었던 것이다. 다산은 학유가 마음을 넓게 쓰지 못하는 게 당연하다고 생각했다. 그러나 학유의 마음은 해도 해도 너무 좁았다. 이치로 봤을 때 그래도 아버지보다 나은 모습이어야 하는데, 티끌처럼 작은 것에도 발끈하며 화를 냈다. 다산은 워낙에 성미가 급한 학유가 작은 것에 욱하지 않고, 독충을 감추어주는 숲처럼 많은 것을 포용하기를 바랐다. 그래서 '도량을 키우라'는 편지를 썼는데, 이 편지에는 숨어 있는 이야기가 하나 있다.

1808년 4월 20일, 학유는 아버지 다산이 머물고 있는 강진으로 내려왔다. 아버지와 함께 공부를 하기 위함이었다. 초당에 머물며 아버지의 제자들과 함께 공부를 하던 학유는 1809년 2월 3일, 강진을 떠나 흑산도에 있는 둘째 큰아버지 정약전을 만나러 길을 나섰다. 학유와 함께 강진으로 내려오려고 준비하다 세상을 떠난 정약전의 아들 학초를 대신한 걸음이었다. 학유는 배를 타고 9일 만에 흑산도에 도착해 38일 동안 정약전과 함께 보냈다. 흑산도 곳곳을 구경하기도 하고, 정약전과 마주 앉아 공부를 하기도 했다. 그러다 3월 21일, 흑산도를 떠나 3월 24일에 다산에 도착했다. 장장 52일에 걸친 긴 나들이였다. 학유는 흑산도에 머물면서 틈틈이 일기를 적었다. 이것이 그의 문집 《운포유고雲浦遺稿》 중에 〈부해기〉로 남아 있다.

학유와 한 달 이상을 함께 보낸 정약전은 학유가 떠나고 난 후 정약용에게 편지를 보낸다. 학유의 지식과 학문이 보잘것없는 것은 아니나, 마음이 좁고 성미가 급해서 막힘이 생긴다는 내용이었다. 정약전은 다산의 두 아들이 가지고 있는 병통에 대해 알고 있었다. 큰아들인 학연은 거칠고 사나운 것이 병통이고, 학유는 방정맞고 성미가 급한 것이 병통이었다. 다산에게 들어 익히 알고 있었으나, 학유와 함께 지내다 보니 그의 병통이 너무 잘 드러났던지 다산에게 편지로 이에 대해 이야기를 한 것이다. 다산은 두 아들이 가지고 있는 병통을 두루 갖고 있었다. 형인 정약전은 이를 잘 알고 있었다. 그래서 다산에게 원고만 쓰느라 이를 놓치지 말고, 먼저 솔선수범해서 행동으로 보여 학유의 병통을 고치라 일렀다.

이 편지를 받은 다산이 얼마나 많은 모범을 보였는지는 알 수 없지만, 그는 형의 말을 기억했던 것 같다. 학유가 공부를 마치고 집으로 돌아가겠다고 하자 노잣돈 삼아 준 '가계'에 '도량을 키워야 한다'는 글을 쓴 것이다. 아버지 닮아 성미가 급하고 마음이 좁은 것까지는 이해하겠다만, 그럼에도 불구하고 '용서'로 도량을 키우도록 노력하라는 내용이었다. 용서하면 물건을 훔친 사람이나 반란을 일으킨 사람까지 끌어안을 수 있으니 나머지 사람들은 저절로 이해하게 된다는 가르침이었다. 여기에서 다산이 말한 용서는 다른 사람의 죄를 사하는 것만이 아니었다. 상대방의 입장에서 생각해 보고 그 마음을 헤아려 이해하는 것까지를 포함했다. 내가 남에게 바라는 것을 먼저 생각해서 베푸는 마음이 다산이 생각한 용서였던 것이다.

다산이 생각한 용서에 대해 잘 알려 주는 일화가 있다. 다산이 성균관에서 수학할 때의 일이다. 장맛비가 열흘 넘게 계속되던 여름, 성균관에서 글을 읽다 집으로 돌아간 다산은 안에서 나는 시끌시끌한 소리에 무슨 일인지 묻는다. 사연은 이랬다. 다산의 집에 쌀이 떨어진 지 오래되어 그동안 밭에 있는 호박을 팔아서 먹을 것을 구했는데, 얼마 전 어린 호박까지 다 따서 더 이상 내다 팔 것이 없었다. 배는 고프고 먹을 것은 없고, 참다못한 어린 종은 옆집 밭에서 항아리만큼 큰 호박을 발견하고는 몰래 가서 따 왔다. 이 호박 하나면 온 가족이 먹고도 남을 것 같았기 때문이다. 그러나 다산의 아내는 남의 밭에서 호박을 따온 종을 혼내고 회초리를 들었다. 누가 너더러 남의 것을 훔쳐 오라고 했냐며 심하게 꾸짖었다. 사연을 들은 다산은 아내를 말렸다. 호박을 자신이 먹을 테니 더 이상 이 일로 종을 나무라지 말라고 하며 자신이 밭 주인을 찾아가 떳떳하게 말하고 용서를 구하겠다고 했다.

다산은 종의 행동에 마음이 아팠다. 남의 것을 훔쳐 온 것은 분명히 잘못한 일이지만, 종이 그런 행동을 하게 만든 것이 자신이라고 생각했다. 책만 읽느라 집안이 어떻게 돌아가고 있는지 신경 쓰지 못하고, 그럴듯한 밭 하나 없는 자신의 잘못이라 여겼다. 다산은 종의 입장에서 생각하고 그 마음을 헤아렸다. 종이 호박을 훔치게 된 이유를 생각하고 그 마음을 이해한 것이다. 그래서 아내에게 더 이상 종을 혼내지 말라고 당부하며, 종이 저지른 잘못에 대해 자신이 용서를 청하겠다고 한 것이다.

다산은 학유도 이처럼 상대방의 마음을 헤아리며 살기를 바랐다. 누군가의 작은 잘못을 트집 잡아 발끈하는 게 아니라, 그 사람의 입장을 헤아리며 학유의 마음도 넓어지길 바랐다. 그러나 다산은 어떻게 용서해야 하는지 구체적인 방법은 언급하지 않았다. 그 방법마저도 스스로 찾고 깨닫는 것이 도량을 넓히는 방법이라고 생각했을 것이다. 어쩌면 행여 상대를 용서하지 못한다 해도 용서하기 위해 노력하는 과정을 통해서 생각의 폭이 넓어진다고 믿었던 게 아닐까? 그랬기에 구체적인 방법을 제시하지 않고, 도량을 넓히는 방법으로 용서하라고 말한 게 아닐까 생각해 본다.

슬플 때는 슬퍼해도 괜찮다

농아의 광지[65]

농아農兒는 곡산에서 잉태하여 기미년(1799년, 정조 23년) 12월 2일에 태어나 임술년(1802년, 순조 2년) 11월 30일에 죽었다. 홍역이 천연두가 되고 천연두가 종기가 되었던 것이다. 나는 강진의 유배지에서 글을 지어 그 아이의 형에게 부쳐 그 무덤에서 곡하고 읽게 하였다. 농아를 곡하는 글은 다음과 같다.

"네가 세상에 태어났다가 죽은 것이 겨우 세 돌일 뿐인데 나와 이별하여 산 것이 2년이니, 사람이 60년을 산다고 하면 40년을 부모와 헤

65 '壙誌(광지)'라고도 하도 '墓誌(묘지)'라고도 한다. 죽은 사람의 이름과 태어나고 죽은 일시, 행적, 무덤의 방향 등을 적어 돌이나 도판에 새겨 무덤 옆에 함께 묻는 기록물을 말한다.

어져 산 것이니, 참으로 슬픈 일이다. 네가 태어났을 때 나는 근심이 깊어 너의 이름을 농이라고 지었다. 얼마 후에 집안에 걱정했던 일이 닥쳤기에 네가 농사를 지으며 살게 하려한 것뿐이니, 이것이 죽는 것보다 낫기 때문이었다. 나는 죽는다면 기꺼이 황령을 넘어 열수를 건너갈 것이니,[66] 나는 죽는 것이 사는 것보다 낫다. 나는 죽는 것이 사는 것보다 나은데 살아있고, 너는 사는 것이 죽는 것보다 나은데 죽었으니, 이는 내가 어찌할 수 없는 일이다. 만약 내가 네 곁에 있었더라도 네가 살아날 리 없었겠지만, 네 어머니가 편지에 말하기를, "애가 '아버지가 돌아오시면 나는 곧 홍역이 낫고, 아버지가 돌아오시면 나는 곧 천연두가 나을 거예요.'라고 했습니다."라고 하더구나. 이것은 네가 뭘 잘 몰라서 한 말이지만 너는 내가 돌아오는 것으로 버팀목을 삼은 것인데, 너의 소원이 이루어지지 못했으니, 정말 슬프구나.

신유년(1801년, 순조 1년) 겨울에 과천 주막에서 너의 어머니가 너를 안고 나를 전송할 때 너의 어머니가 나를 가리키며 "저분이 너의 아버지이시란다."라고 하니, 네가 따라서 나를 가리키며 "저분이 나의 아버지예요."라고 했지. 그러나 그때 아버지가 아버지인 줄 너는 사실 아직 알지 못했더랬지. 참으로 슬프구나. 이웃 사람이 집에 갈 때, 소라 껍질 2개를 부쳐 보내며 너에게 주라고 하였더니, 네 어머니가 편지에 말하

66 황령(黃嶺)은 정확히 알 수 없으나 주화산에서 시작해서 부여의 부소산에서 끝나는 산줄기인 금남정맥(錦南正脈) 중 한 지점에 해당하는 산 고개인 황령인 듯하고, 열수(洌水)는 한강의 상류로 다산의 고향을 가리킨다.

기를, "애가 강진에서 사람이 올 때마다 소라 껍질을 찾다가 받지 못하면 풀이 죽곤 했는데, 그 애가 죽어갈 무렵 소라 껍질이 도착했습니다."라고 하였다. 슬프구나.

네 용모가 조각같이 빼어난데, 코 왼쪽에 조그마한 검은 사마귀가 있고, 웃으면 양쪽 송곳니가 뾰족하게 드러났지. 아아, 나는 그저 네 모습만 떠올리며 거짓 없이 너에게 고하노라. (집에서 온 편지를 받으니 그 애의 생일에 묻었다 한다.)

복로[67]가 늘 말하기를, "요절한 자녀는 그 생년월일, 이름, 자, 용모 및 죽은 연월일을 갖추어 써두어서 뒷사람들이 확실한 자료로 삼을 수 있게 해서 그들의 삶의 흔적이 남게 해야 한다."라고 하였는데, 그 말이 매우 훌륭하다.

나는 처음 경자년(1780년, 정조 4년) 가을 예천의 군사郡舍에서 태에 든 아이 하나를 잃었고, 신축년(1781년, 정조 5년) 7월에 아내가 임신 중에 학질을 앓아 딸아이를 조산하여 8개월 만에 낳았는데 4일 만에 죽어 미처 이름을 짓지 못한 채 와서瓦署의 언덕에 묻었다. 그다음으로 무장武牂(정학연)과 문장文牂(정학유)을 낳았는데, 다행히 제대로 성장하였다. 그다음이 구장懼牂이고, 또 그 다음이 딸아이 효순孝順인데, 순산하였기 때문에 '효'라고 지었다. 구장이와 효순이에게는 모두 광명壙銘이 있는데 진

67 이기양(李基讓)을 가리킨다. 호가 복암(茯菴)이므로 그를 높여 '복로(茯老)'라 부른 것이다. 학자이자 천주교도이며 성호학파의 일원이다. 이가환, 권철신(權哲身), 안정복(安鼎福) 등과 교류했다.

짜 광명이 아니고 책에만 기록해둔 것이다. 그다음에는 딸 하나를 얻었는데, 지금 열 살로 이미 두 번의 홍역을 거쳤으니 아마 요절은 면한 것 같다. 그다음은 삼동三同으로, 곡산에서 천연두로 요절하였다. 그때 아내에게 아이가 있어 비통해하다가 아들을 낳았는데, 열흘을 지내고 또 천연두를 앓다가 며칠이 못 되어 요절하였다. 그다음이 곧 '농아'이다. 삼동이는 병진년(1796년, 정조 20년) 11월 5일에 태어나서 무오년(1798년, 정조 22년) 9월 4일에 죽었으며, 그 다음 아이는 미처 이름을 짓지 못하였다. 구장이와 효순이는 두척산斗尺山에 묻었고, 삼동이와 그다음 아이도 두척산 기슭에 묻었으니, 농아 역시 두척산 기슭에 묻어야 할 것이다.

모두 6남 3녀를 낳았는데, 산 아이가 2남 1녀이고 죽은 아이가 4남 2녀로 죽은 아이들이 산 아이들의 갑절이다. 아아, 내가 하늘에 죄를 지어 이렇게 잔혹한 벌을 받으니, 어찌할 것인가.

SNS 친구들에게 '정약용 하면 떠오르는 것'이 무엇인지 물은 적이 있다. 《목민심서》를 비롯해 《경세유표》, 《흠흠신서》 등 그의 책과 '수원화성', '거중기', '배다리' 같은 그의 업적이 나열됐다. 그 뒤로 '애민정신', '정조', '유배지에서 쓴 편지', '천주교인' 등과 같은 단어가 이어졌다. 정약용의 6대손으로 알려진 배우 정해인의 이름도 보였고, '다빈치형 인재', '창의융합형 인재' 같은 재치 있는 대답도 있었다. '정약용'이라는 이름에 얼마나 많은 것이 담겨 있는지 느낄 수 있었다. 나에게 정약용은 '거대한 산'이었다. 너무나 크고 높아서 가까이 다가갈 수 없는 어마어마한 산. 그래서 '저기 산이 있구나'만 말할 수 있을 뿐, 그 산이 어떤 산인지조차 말할 수 없는 거대한 느낌이었다. 그랬던 정약용이 내게 '사람'이 되어 온 것은 그가 쓴 한 통의 편지 덕분이었다. 막내아들의 무덤에 바친 편지, 광지였다.

1801년 겨울, 다산은 황사영 백서사건에 연루되었다는 의심을 받고 장기에서 서울로 압송되었다가 새로운 유배지로 이배된다. 겨우 죽음을 면한 다산이 간 곳은 강진이었다. 서울에서 큰 죄를 짓고 귀양살이 왔다는 소문이 돌자 마을 사람들은 문을 걸어 잠그고 내다보지 않았다. 어떤 이들은 재수가 없다며 다산이 지나간 후에 소금을 뿌리기도 했다. 방 한 칸이 절실했던 다산은 주막 앞을 머뭇거렸고 다행히 주막집 노파가 내준 방에 짐을 풀 수 있었다. 그 이듬해 겨울, 다산은 막내아들 농아가 죽었다는 소식을 듣는다. 강진으로 내려올 때 과천의 주막 앞에서 아이의 얼굴을 본 게 마지막이었다. 3년이라는 짧은 생을 사는 동안 2년이나 떨어져 살았던 아들의 죽음에 다산의 마음이 무너져 내렸다. 다산은 처참한 심정으로 아들의 무덤 속에 넣을 편지, 묘지명을 적는다.

다산은 아이와 함께 지내지 못한 시간을 가슴 아파했다. 아이가 살았던 3년 중에 2년을 떨어져 지냈으니 그것은 한 사람이 60년을 산다고 했을 때 40년 세월을 떨어져 산 것과 같다며 애통해 했다. 그리고 아이의 이름을 농아라고 지은 이유에 대해 설명한다. 아이가 태어났을 때 집안에 근심이 많아 아이가 벼슬 같은 것은 하지 말고, 농사나 짓고 살았으면 하는 마음에서 농아라고 지었다고. 그렇게라도 목숨을 이어가면 자신이 죽어도 여한이 없을 것 같았다. 그러나 죽어야 할 사람은 살아 있고, 살아야 할 아이가 죽었으니 자신이 어찌할 수 없는 일이라며 말을 잇지 못한다. 마마와 천연두를 앓았던 세 살 아이는 아버지가 돌아올 것을 의지하며 살았던 모양이다. 어머니에게 아버지가 돌아오면 자신의 병이 나을 거라고 말했던 것이다. 다산은 아이도 희망도 사라진 상황을 비통해 했다. 아이는 강진에서 사람이 올 때마다 소라 껍질을 기다렸다. 다산이 서울에 사람을 보내면서 아이에게 전해 주라고 소라 껍질을 보낸 적이 있었는데, 그 후로 강진에서 사람이 올 때마다 그걸 기다렸다는 것이다. 이 소식을 전해 들은 다산이 부랴부랴 소라 껍질을 보냈으나 아이는 이미 세상에 없었다. 짧은 세월 동안 아이와 나눈 추억이 별로 없었던 다산은 아이의 얼굴을 기억하며 기록한다. 깎아놓은 듯 빼어났던 얼굴과 코 왼쪽에 있던 작은 점, 웃을 때 드러나던 양쪽의 송곳니까지.

다산에게는 6남 3녀가 있었다. 그러나 여섯 명의 아이가 다산보다 앞서 세상을 떠났다. 팔삭둥이로 세상에 태어난 첫 딸은 생후 나흘 만에 숨을 거둬 이름조차 지을 수 없었고, 넷째 구장은 14개월 만에 천연두와 종기로 세상을 떠났다. 다섯째 효순과 일곱째 삼동은 모두 태어난 지 22개월 만에 천연두로 요절했다. 여덟째는 태어난 지 열흘 만에 천연두로 세상을 등져 그 역시 이름을 가질 수 없었다. 여덟째 아들이 죽고 1년 뒤, 다시 한 아이가 태어났다. 그 아이가 농아였다. 이미 참척의 아픔을 다섯 번이나 겪었던 다산은 또다시 막내아들의 부고를 받고 오열하고 말았다.

아들의 죽음 앞에 목 놓아 우는 다산을 보며 처음으로 다산도 사람이라는 생각을 했다. 조선시대에 엄청난 업적을 남긴 꼿꼿한 학자가 아니라 희노애락을 가진 '아버지 다산', '사람 다산'으로 느껴진 것이다. 그 후, 다산의 여러 편지를 살펴보면서 다산이 얼마나 감정에 솔직한 사람인지 알게 됐다. 다산은 슬프거나 기쁠 때 자신의 감정을 숨기지 않았다. 슬프면 슬프다고 기쁘면 기쁘다고 솔직하게 표현했다.

1802년 2월, 다산은 아들이 보낸 편지를 받는다. 고초를 겪고 낯선 땅에서 지내야 하는 아버지를 염려하는 편지였다. 다산은 그 편지를 받고 마음에 깊은 위안을 느꼈다며, 아들에게 답장을 쓴다. 절대로 포기하지 말고 마음을 다해 책을 읽으라 전한 뒤, 자신의 상태를 알리는데, '나는 괴로울 때가 무척 많다'고 고백한다. 부모 입장에서는 자식이 걱정할까 봐 괴로워도 '괜찮다'하는 경우가 많으나, 다산은 자신의 괴로움을 숨기지 않았다. 자신이 무척 괴로우니 책을 읽으며 바르게 살아가는 것으로 자신의 괴로움을 덜어 달라 부탁한 것이다.

다산의 솔직한 감정 표현은 편지 외에도 그가 남긴 시 속에 고스란히 담겨 있다. 농아가 죽기 전, 집에서 보내온 소포 속에 밤톨 몇 알이 있었다. 농아가 아버지 드시라고 넣은 밤이었으나, 다산은 천 리 밖에 있는 아버지를 생각하는 아이의 마음에 눈물이 났다. 손에 쥔 밤을 차마 먹지 못하고 그저 눈물만 흘렸을 뿐이다. 어느 해 단오에는 동네 아이들이 잘 차려입고 단오놀이를 하는 걸 보고 고향에 두고 온 딸 생각에 눈물짓기도 했다. 이런 애절한 마음을 다산은 숨기지 않았다. 편지에 써 보내기도 하고, 시로 적어 훗날 문집에 싣기도 했다. 모진 비바람에도 흔들림 없이 꼿꼿할 것 같은 다산이었지만, 그도 슬플 때는 울고 기쁠 때는 크게 웃었다.

우리는 감정을 표현하는 일을 어린아이의 전유물이라고 생각한다. 자고로 '어른'은 울면 안 되고, '포커페이스'를 잘 유지해야 한다고 생각한다. 어떤 일이 있어도 감정을 드러내지 않는 것이 어른이라고 생각하기 때문이다. 그러나 나를 있는 그대로 받아주는 사람들 앞에서까지 그럴 필요가 있을까? 남들에게 꼿꼿했던 다산도 가족들에게는 슬프고 그리운 마음을 숨기지 않았다. 다른 이들에게 드러낼 수 없는 마음을 가족에게만은 솔직하게 표현하며 삶을 이어갔다. 그것이 혹독한 유배지에서 살아남는 방법이었을 것이다. 그러니 지금 나를 짓누르는 어떤 아픔을 견디고 있다면, 누군가 툭 치기만 해도 눈물이 왈칵 쏟아질 것 같다면 참지 말고 울어 보자. 슬플 때 슬프다고 말할 수 있는 용기, 아플 때 아프다고 고백할 수 있는 용기가 우리를 '사람처럼' 살게 한다는 걸 믿으면서.

다산 원문 역자의 말

과거를 통해 미래에 보내는 편지

우리는 조선시대 아버지들에 대한 오해가 살짝 있다. 그들이 엄하기만 하고 집안일과 육아에는 관심이, 거의 혹은 아예 없다시피 했을 것이라고 생각한다. 가부장제와 유교를 떠올리면 아버지는 대개 그런 모습으로 그려진다. 그러나 사실은 조금 달랐다. 조선시대 아버지들은 의외로 굉장히 섬세했고 자녀들의 교육에 매우 깊은 관심을 쏟았다. 그 유명한 퇴계 이황도 성호 이익도 추사 김정희도 다 그런 모습을 보였다. 심지어 강희맹은 이미 다 자란 아들을 위해 이야기를 지어 교훈을 남기기도 했다.

우리에게 널리 알려진 다산 정약용도 그렇게 다감한 아버지였다. 멀리 강진으로 유배 가 있으면서도 자녀들을 돌보고 가르치기를 멈추지 않았다. 그가 보낸 숱한 편지가 그 증거이다. 자신의 날개가 꺾여버린 상황에서도 절망하지 않고 꾸준히 공부하며 희망을 일구는 본을 보이면서 자녀들이 혹시 엇나갈까 다각도로 살피는 모습은 엄하면서도 따사롭기 그지없다. 이런 아버지 아래서 어찌 자녀가 잘못될 수 있으랴!

운 좋게도 다산 정약용의 사랑이 담뿍 담긴 편지가 오늘날까지 남아 그의 마음을 엿볼 수 있었다. 다산은 편지를 쓰면서 이 편지가 수백 년 뒤까지 전해져서 안목을 갖춘 숱한 사람들이 보게 되더라도 나를 비난하지 않을 것인가 재삼 살피고 생각해야 한다고 했다. 우리가 오늘도 다산의 편지를 읽으며 깊이 공명할 수 있는 것은 그의 편지가 이런 정성스런 자세로 써내려진 것이었기 때문이 아닐까?

다산의 편지에서 느낀 깊은 감동을 오늘에 잇대어 재탄생시키는 작업을 통해 많은 이들에게 소개할 수 있는 기회를 가지게 된 것은 번역을 업으로 삼는 나에게 큰 축복이었다. 아름다운 마음으로 태어난 이 책을 통해 옛 지혜가 새로운 미래를 열어갈 풍성한 밑거름이 되길 진심으로 소망해본다.

임자헌

참고문헌

《조선왕조실록》, http://sillok.history.go.kr

《정약용, 열수에 돌아오다》, 실학박물관, 2018.

김형섭 지음, 《세상이 알아주지 않아도 나는 다산이오》, 산처럼, 2019.

안소영 지음, 《다산의 아버님께》, 보림, 2018.

윤민구 지음, 《한국 초기 교회에 관한 교황청 자료 모음집》, 가톨릭출판사, 2000.

이덕일 지음, 《정약용과 그의 형제들 1, 2》, 다산초당, 2012.

이용형 지음, 《다산 정약용의 편지글》, 예문서원, 2009.

정규영 지음, 송재소 옮김, 《다산의 한평생》, 창비, 2014.

정민 지음, 《다산의 재발견》, 휴머니스트, 2011.

정민 지음, 《삶을 바꾼 만남》, 문학동네, 2011.

정민 지음, 《다산 증언첩》, 휴머니스트, 2017.

정민 지음, 《파란 1, 2》, 천년의 상상, 2019.

정약용 지음, 《여유당전서》, 한국인문고전연구소.

정약용, 정약전 지음, 정해렴 편역, 《다산서간정선》, 현대실학사, 2002.

정약용 지음, 박해숙 옮김, 《다산의 마음》, 돌베개, 2008.

정약용 지음, 박석무 옮김, 《유배지에서 보낸 편지》, 창비, 2009.

정약용 지음, 정민 엮음, 《한밤중에 잠깨어》, 문학동네, 2012.

최익한 지음, 송찬섭 엮음, 《여유당전서를 독함》, 서해문집, 2016.

황사영 지음, 여진천 옮김, 《누가 저희를 위로해 주겠습니까》, 기쁜소식, 2008.

1부 신념, 중심을 지키는 힘

"직장인 두 명중 한 명 "나는 N잡러"…月평균 95만 원 더 벌어", 매일경제, 2021.5.11.

정약용 지음, 《여유당전서》 시문집(산문)16권, 〈서모 김씨 묘지명〉, 한국인문고전연구소.

인간극장 〈용재 오닐의 뉴욕 사모곡〉, KBS, 2004.5.

리처드 용재 오닐 전기, https://www.richard-oneill.com/biography

리처드 용재 오닐 "비올라에 위대한 날… 영광 얻게 돼 감사", 연합뉴스, 2021.3.15.

"리처드 용재 오닐에 대해 아시나요?", crediatv, 2020.4.20., https://www.youtube.com/watch?v=e1THGbURYx8

이제석 광고연구소, www.jeski.org

"국제초대석 〈47〉 '광고천재' 이제석 씨", 국제신문, 2013.12.26.

"〈뉴스G〉, 어디까지 먹어보셨나요?", EBS, 2016.7.12.

"[우리가 몰랐던 과학 이야기(41) 어두운 세상을 밝혀주는 페트병 전구", 세계일보, 2018.6.17.

박동춘 편역, 《추사와 초의》, 이른아침, 2018.

〈남기자의 체헐리즘〉, 머니투데이.

"'YS 영결식' 어린이합창단…추위에 '덜덜~'", 노컷뉴스, 2015.11.27.

"YS 영결식 때 추위 떤 어린이합창단, 인권침해 진정", 노컷뉴스, 2015.11.30.

"추위에 떠는 YS 영결식 어린이합창단", 한국기자협회, 2016.1.13.

정약용 지음, 《여유당전서》 시문집(산문) 11권, 〈상론〉, 한국인문고전연구소 .

"구직자 95.5%, '취업에도 미모가 필요해'… 취업도 외모지상주의(?)", 컨슈머와이드, 2018.7.30.

김난도 지음, 《트렌드 코리아 2019》, 미래의 창, 2019.

2부 생각, 더 넓게 바라보는 눈

델핀 미누이 지음, 임영신 옮김, 《다라야의 지하 비밀 도서관》, 더숲, 2018.

"시리아의 광주 다라를 잊지 마세요", 시사IN, 2016.8.19.

"정의로운 세계를 향한 혁명의 책읽기, 『다라야의 지하 비밀 도서관』 저자 델핀 미누이가 전하는 희망의 메시지", 인디고서원, 2021.1.7., https://www.youtube.com/watch?v=4gEXn9if0g0

다큐사이언스 〈프레퍼족〉, 내셔널지오그래픽채널, 2012.2.4.
김용섭 지음, 《라이프 트렌드 2021》, 부키, 2020.
김용섭 지음, 《언컨택트》, 퍼블리온, 2020.
정약용 지음, 노만수 옮김, 《이 개만도 못한 버러지들아》, 앨피, 2013.
앙토냉 질베르 세르티양주 지음, 이재만 옮김, 《공부하는 삶》, 유유, 2013.
〈칠곡가시나들〉, 2019.
〈인사이드 빌 게이츠〉, 2019.
빌 게이츠 시니어, 메리 앤 매킨 지음, 이수정 옮김, 《게이츠가 게이츠에게》, 국일미디어, 2010.
"[서정민의 세계, 세계인] 억만장자들의 '더기빙플레지'", 세계일보, 2016.6.13.
"'대변' 들고 등장한 빌 게이츠 "화장실 개선 위해 2200억 투자"", YTN, 2018.11.7.
"빌게이츠를 움직이게 한 기자가 말하는 저널리즘", 미디어오늘, 2019.11.3.
마이클 헵 지음, 박정은 옮김, 《사랑하는 사람과 저녁 식탁에서 죽음을 이야기합시다》, 을유문화사, 2019.
""내가 죽어 누울 관을 만들자"… 뉴질랜드에 '관 짜기 클럽' 등장" 연합뉴스, 2015.10.9.
"망자를 우주로… 유해 로켓에 담아 보내는 '우주장' 첫 시행", YTN, 2018.12.5.
"당신과의 추억을 영원히… '메모리얼 다이아몬드' 장례서비스", 스포츠조선, 2017.7.3.
"기후변화: 환경친화적인 인간 퇴비 장례식", BBC뉴스 코리아, 2020.2.17.

3부 행동, 세상을 바꾸는 힘

"맥킨지 '로봇 경고'... "2030년까지 최대 8억 명 실직"", 연합뉴스, 2017.11.30.
〈인턴〉, 2015.
단 애리얼리 외 지음, 정지호 옮김, 《루틴의 힘》, 부키, 2020.
메이슨 커리 지음, 강주헌 옮김, 《리추얼》, 책읽는수요일, 2014.
찰스 두히그 지음, 강주헌 옮김, 《습관의 힘》, 갤리온, 2012.
"새벽에 깨서 '나를 깨운다'...'미라클모닝' 열풍", JTBC, 2021.3.10.
"[재미있는 역사 이야기] 조선의 신고식, 면신례", YTN, 2017.7.3.
EBS 다큐프라임 〈인간의 두 얼굴 Ⅰ 제1부 상황의 힘〉, EBS, 2008.
마이클 본드 지음, 문희경 옮김, 《타인의 영향력》, 어크로스, 2015.

"신유박해 순교자들(7) 정철상 가롤로", 가톨릭신문, 2001.4.15.
시사기획 창 〈21대 총선 특집 '공약, 이번엔 믿어볼까요?'〉, KBS, 2020.
자크 데리다 지음, 배지선 옮김, 《거짓말의 역사》, 이숲, 2019.
마리아 베테티니 지음, 장충섭 옮김, 《거짓말에 관한 작은 역사》, 가람기획, 2006.
"확진자 한 사람의 거짓말로… 호주서 170만 명 봉쇄된 사연", 머니투데이, 2020.11.22.
"단 한 명 거짓말에... 창원시장 "월 매출 1,000억 공장 문 닫아"", 한국일보, 2020.9.2.

4부 배려, 타인과 공존하는 법

"다함께 1등, 운동회 감동 사진, 주인공 누나 "가족들 엉엉 울었다"", 오마이뉴스, 2014.10.7.
육아휴직 쓴 여성 10명 중 6명은 회사로 돌아가지 못했다, 경향신문, 2020.2.12.
전영수 지음, 《각자도생 사회》, 블랙피쉬, 2020.
"2030 "어버이날 지출 부담, 내 효도점수 56점"", 매일경제, 2019.5.8.
"대학생 절반 이상 부모님 생각하면 '사랑·희생' 떠올려", 연합뉴스, 2018.5.8.
정약용 지음, 《여유당전서》 시문집(산문)13권, 〈죽란시사첩〉서, 한국인문고전연구소.
정약용 지음, 《여유당전서》 시문집(산문)16권, 〈남고 윤지범 묘지명〉, 한국인문고전연구소.
정약용 지음, 《여유당전서》 시문집(산문)16권, 〈사헌부 장령 금리 이유수 묘지명〉, 한국인문고전연구소.
자신과 한 '10년 약속'… 마지막 익명 성금 낸 키다리 아저씨, 연합뉴스, 2020.12.23.
KBS스페셜 〈마음〉 6편 "당신을 용서합니다", KBS, 2006.2.19.
정민, 〈새 자료 정학유의 흑산도 기행문 「부해기(浮海記)」와 기행시〉, 《한국한문학연구》 79권, 2020.

다산의 철학

2021년 10월 1일 초판 1쇄
2021년 10월 2일 초판 2쇄

지은이 · 윤성희
펴낸이 · 박영미
펴낸곳 · 포르체

편　집 · 원지연, 류다경
마케팅 · 문서희, 박준혜

출판신고 · 2020년 7월 20일 제2020-000103호
전화 · 02-6083-0128 | 팩스 · 02-6008-0126
이메일 · porchetogo@gmail.com

ISBN 979-11-91393-36-1 (03190)

• 이 책의 국립중앙도서관 출판시도서목록은 서지정보유통지원시스템 홈페이지(http://seoji.nl.go.kr)와 국가자료공동목록시스템(http://www.nl.go.kr/kolisnet)에서 이용하실 수 있습니다.
• 잘못된 책은 구입하신 서점에서 바꿔드립니다.
• 책값은 뒤표지에 있습니다.